EXTRAIT DU BULLETIN
De la Société des anciens Élèves des Écoles impériales d'Arts et Métiers

CHEMINS DE FER

QUESTIONS DE SÉCURITÉ

ET

QUESTIONS D'ÉCONOMIES

PAR

J.-B. VIDARD

INGÉNIEUR CIVIL, INSPECTEUR DU SERVICE DU MATÉRIEL ET DE LA TRACTION
DES CHEMINS DE FER DE L'OUEST

> Ce qui importe, c'est de connaître au juste
> la capacité voiturière de la voie de fer.
> P.-J. Proudhon

PARIS
Eugène LACROIX, Éditeur
LIBRAIRE DE LA SOCIÉTÉ DES ANCIENS ÉLÈVES DES ÉCOLES IMPÉRIALES
D'ARTS ET MÉTIERS
15, Quai Malaquais, 15

1869

QUESTIONS DE SÉCURITÉ

ET

QUESTIONS D'ÉCONOMIES

EXTRAIT DU BULLETIN
De la Société des anciens élèves des Écoles impériales d'Arts et Métiers

CHEMINS DE FER

QUESTIONS DE SÉCURITÉ

ET

QUESTIONS D'ÉCONOMIES

PAR

J.-B. VIDARD

INGÉNIEUR CIVIL, INSPECTEUR DU SERVICE DU MATÉRIEL ET DE LA TRACTION
DES CHEMINS DE FER DE L'OUEST

> Ce qui importe, c'est de connaître au juste
> la capacité voiturière de la voie de fer.
> P.-J. PROUDHON.

PARIS

Eugène LACROIX, Éditeur

LIBRAIRE DE LA SOCIÉTÉ DES ANCIENS ÉLÈVES DES ÉCOLES IMPÉRIALES
D'ARTS ET MÉTIERS

15, Quai Malaquais, 15

1869

DE QUELQUES QUESTIONS

DE

SÉCURITÉ ET D'ÉCONOMIE

I.

Des moyens de communication dans les trains entre les voyageurs, les conducteurs et les mécaniciens.

La question des communications à établir dans les trains, afin de garantir les voyageurs contre les dangers pouvant résulter, dans les voitures de chemins de fer, soit d'attentats contre les personnes, soit d'incendie, soit d'autres causes analogues, préoccupe, depuis longtemps, l'Administration supérieure, les Compagnies de chemins de fer, les ingénieurs et les inventeurs, non-seulement en France, mais encore dans tous les pays qui possèdent des chemins de fer et, notamment, en Angleterre.

Cette question a été remise à l'ordre du jour, cette année, en Angleterre, par le rapport que le colonel Yolland, inspecteur des chemins de fer, bien au courant de l'état de la question, a présenté, le 21 février 1868, à la commission du contrôle des chemins de fer, instituée au Board-of-Trade, sur les résultats de l'enquête relative à la question des communications dans les trains; elle l'a été également en France, par une circulaire du Ministre des travaux publics, adressée, le 27 mai dernier, aux Compagnies de chemins de fer.

1

Dans cette circulaire, rappelant celles fort nombreuses qui ont été déjà produites sur la nécessité d'établir des communications entre les garde-freins et les mécaniciens, ainsi qu'entre ces agents et les voyageurs, M. le Ministre, après avoir constaté que le système électrique préconisé par ses prédécesseurs n'a pas donné les résultats espérés, signale à l'attention des Compagnies un système expérimenté en Angleterre, sur la ligne du North-Eastern, et les engage à envoyer un de leurs agents pour l'examiner et en suivre les essais.

Pour déférer à ce désir, le chemin de fer du Nord a chargé un de ses ingénieurs, M. Bandérali, d'aller étudier sur place le système anglais.

M. Bandérali a remis, le 20 juillet suivant, un rapport très-remarquable et très-complet sur l'état actuel de la question en Angleterre.

Vers le même temps, une tentative d'assassinat qui rappelle celle dont M. Poinsot a été victime en 1860, se produisit sur le chemin de fer du Nord.

Le 3 juillet, M. Lhermitte, négociant, fut frappé dans une voiture de train allant d'Amiens à Paris.

Cet attentat auquel M. Lhermitte ne succomba pas, mais où il reçut les blessures les plus graves, appela de nouveau l'attention publique, déjà éveillée par les circulaires et les rapports précités ; les journaux réclamèrent une fois de plus, que des mesures efficaces fussent prises pour que les voyageurs pussent échapper à de semblables dangers.

Chargé de suivre, depuis l'origine, les essais qui ont été tentés pour résoudre cette question, j'ai pensé qu'il pourrait être de quelqu'intérêt pour les lecteurs de cette publication, de connaitre, et les tentatives faites en France, tant par l'Administration que par les Compagnies de chemins de fer, dans le but de résoudre ce problème, et les idées qu'une pratique spéciale m'a suggérées sur ce sujet.

Quelques attentats qui ont eu un douloureux retentissement et quelques accidents, notamment l'incendie d'une voiture sur le chemin de fer de Lyon, ont provoqué, de la part de l'Administration, de nombreuses mesures tendant à en prévenir le retour.

Celui de ces attentats qui a fait le plus de bruit, et qui a été l'origine de toutes les mesures dont nous allons parler, est l'assasinat dont M. le président Poinsot a été victime pendant son sommeil, le 6 décembre 1860, dans le compartiment d'une voiture sur le chemin de fer de l'Est; on se rappelle aussi l'agression faite, vers la même époque, sur un officier étranger et attribuée au même malfaiteur; en Angleterre, l'assasinat de M*** (un personnage dont le nom m'échappe et dont l'assassin fut ramené d'Amérique où il avait fui) ; ajoutons enfin la tentative de meurtre dont il est parlé d'autre part.

Somme toute, la liste complète des faits de cette nature qui se sont produits sur tout le réseau européen depuis son origine, ne s'élève pas à dix, et le nombre des victimes à la moitié de ce chiffre ; les cas d'incendies des voitures sont encore plus rares.

Les risques d'attentats contre les personnes, et les dangers d'incendies que courent les voyageurs dans les voitures de chemins de fer, sont infiniment moindres qu'on se le figure généralement ; la publication officielle et répétée de la liste complète de ces accidents devrait suffire pour le démontrer et rassurer l'opinion publique.

Le total de cette liste, réparti sur un nombre de voyageurs qui, chaque année, s'élève à plusieurs centaines de millions, prouve qu'il n'est pas pour l'individu de risque moins grand que celui-là. Il y a eu sans aucun doute, dans le même laps de temps, un bien plus grand nombre de personnes assassinées, blessées, brûlées dans leur lit, qu'il n'y en a eu dans les voitures de chemins de fer ; les risques de cette nature sont donc très-petits et les craintes qui se sont produites à ce sujet, dans le public, sont exagérées.

Depuis longtemps déjà, la séparation presque complète qui existait, autrefois, entre le mécanicien et le chef de train, n'existe plus. Une corde qui, du fourgon, va actionner une cloche placée sur la machine à la portée du mécanicien sert, en cas d'accident, à donner le signal d'alarme et met en communication constante ces deux agents.

Ce moyen simple et facilement pratique, a été adopté, en même temps, par toutes les Compagnies ; il est très-utile et suffit dans beaucoup de cas pour parer aux éventualités qui peuvent se produire pendant la route.

Mais après l'émotion causée dans le public par le meurtre de M. Poinsot, ce moyen de communication parut insuffisant, et d'autres moyens furent activement recherchés pour empêcher le retour de semblables faits.

De son côté, l'Administration fit les plus grands efforts pour stimuler et provoquer les recherches. Aussitôt après le crime du 6 décembre 1860, le Ministre des travaux publics, par deux circulaires des 12 et 29 du même mois, signale les mesures qui lui paraissent devoir assurer la sécurité des voyageurs :

1° *Une garantie sérieuse de sécurité qu'il n'est pas permis de négliger*, est-il dit dans ces circulaires, *consisterait à disposer convenablement les marchepieds des voitures pour permettre une circulation facile ;*

2° *La sécurité des voyageurs recevrait une garantie beaucoup plus complète, s'il était possible d'installer une sorte de galerie extérieure aux voitures ;*

3° *Une mesure utile serait l'établissement dans les voi-*

tures, de panneaux à glaces dormantes, formant une communication entre les compartiments.

Ces recommandations portent le cachet du bon sens, et après neuf années d'essais de toute nature et de dépenses considérables, c'est à elles qu'en fin de compte, il faudra revenir.

Si, en effet, la disposition des marchepieds permettait une circulation facile et sans danger, ou bien, si l'on parvenait à établir une galerie facilement accessible aux voyageurs, on comprend qu'il leur serait possible de fuir le danger en changeant de compartiment, et même d'arriver jusqu'aux agents chargés de la conduite du train.

Si, en outre, des glaces fixes, recouvertes de chaque côté par un coussinet retombant, existaient dans les cloisons, au-dessus de la tête des voyageurs, sous les filets, la glace qu'on pourrait facilement briser serait d'un utile secours aux voyageurs et suffirait dans bien des cas contre les malintentionnés.

Ces mesures, les seules raisonnables pourtant, n'ont pas été trouvées suffisantes, et au lieu de chercher le moyen de les réaliser, les esprits, entraînés par l'opinion publique alors fortement surexcitée, s'égarèrent à la recherche de moyens de communications mécaniques, électriques, accoustiques et autres.

L'Administration elle-même, au lieu de persévérer dans sa première inspiration, ne tarda pas à abandonner la réalisation des trois moyens qu'elle avait indiqués et fit tous ses efforts pour pousser les ingénieurs et les Compagnies dans une fausse voie, où déjà l'Angleterre, de son côté, s'était engagée avant nous.

C'est alors que, conformément aux prescriptions réitérées de l'Administration, on fit en France, et sur une grande échelle, l'expérience des communications électriques.

Mais après de nombreux essais, le Ministre des travaux publics dut, par sa dernière circulaire du 27 mai 1868, reconnaître que, contrairement à l'opinion émise dans les circulaires précédentes, et notamment dans celle du 29 novembre 1865, ce système de communication n'ayant pas donné les résultats attendus, semble être aujourd'hui abandonné. Il ajoute que le moyen qui lui paraît le plus propre à atteindre le but proposé serait d'adopter les communications mécaniques au moyen de cordes, suivant l'usage anglais.

Or, dans le même moment, ainsi qu'il résulte du rapport de M. Bandérali, le Board-of-Trade reconnaissait l'insuffisance et l'inefficacité des moyens mécaniques de communications par la corde et engageait les Compagnies de chemins de fer à les abandonner pour adopter les communications par l'électricité.

Du reste, et pour bien faire comprendre au lecteur de quelle importance était la renonciation du ministère aux transmissions électriques, qu'on nous permette de reprendre la question à son origine et de la suivre rapidement dans toutes ses phases.

La grande commission d'enquête sur les chemins de fer, instituée en France par arrêté ministériel du 5 novembre 1861, fut saisie du problème des communications. Après plusieurs années d'études et d'investigations, elle émit l'avis que les moyens de communication alors employés, tant en France qu'en Angleterre, étaient inefficaces et qu'il fallait recourir à l'électricité.

Immédiatement, le Ministre prescrit aux Compagnies d'avoir à lui présenter « *dans le délai de trois mois* » (circulaire du 1ᵉʳ février 1864) puis, « *à la première réquisition* » (20 avril 1865), les moyens pratiques d'établir cette communication.

Les Compagnies répondent qu'aucun système pratique

n'étant connu, elles ne peuvent que prendre l'engagement de continuer à faire tous leurs efforts pour trouver la solution, et de suivre comme par le passé, avec intérêt, les essais tentés dans ce sens.

Le 29 novembre 1865, nouvelle circulaire et nouvelle prescription d'avoir, *dans le délai de quatre mois*, établi une communication dans tous les trains de voyageurs, c'est-à-dire d'appliquer dans un délai si court, à environ vingt mille véhicules, certain système de communication électrique désigné dans la circulaire précitée. C'était leur prescrire l'impossible.

Néanmoins, devant un tel ordre, les Compagnies placées, comme on le sait, sous la dépendance de l'État, durent s'incliner et essayer d'obéir.

Chaque Compagnie a donc voté les fonds nécessaires et s'est mise à l'œuvre, en sollicitant seulement, avec une prolongation de délai, d'être dispensée de comprendre dans ce travail les trains mixtes, pour lesquels il aurait fallu étendre l'application du système à tous les wagons de marchandises, soit à CENT MILLE véhicules, au lieu de *vingt mille*.

Des sommes énormes, eu égard à l'importance du but à atteindre, ont été dépensées pour l'acquisition des appareils, pour leur entretien et pour l'augmentation du personnel qu'ils ont nécessités, dépenses moins importantes, cependant, que les embarras, les entraves et les perturbations que les divers systèmes de communication essayés entraînaient dans le service des trains, et tout cela pour aboutir à l'aveu d'impuissance dont nous avons parlé et que la circulaire du 27 mai dernier laissait échapper en ces termes :

« *Les systèmes de communications électriques n'ont pas donné les résultats satisfaisants qu'on en espérait ; il paraît en être de même de l'appareil accoustique.* »

Il convient de citer également le texte d'un aveu analogue, contenu dans le rapport du colonel Yolland, du 21 février 1868 :

« Je ne pense pas que le système de la corde telle qu'elle est disposée, soit appelé à réussir. Il est seulement employé pour donner satisfaction à l'opinion publique ; mais l'usage en est difficile, la corde rencontre beaucoup de frictions créant trop d'obstacles pour qu'il ait aucune chance de fonctionner d'une manière satisfaisante dans les trains d'une grande longueur » (1).

C'est là précisément le système que l'Administration propose aux Compagnies d'adopter sur les chemins de fer français en les invitant, dans sa dernière circulaire, à envoyer des représentants en Angleterre pour l'étudier.

Montrons succinctement en quoi consistent les deux systèmes de communication sur lesquels se sont concentrés les efforts et les espérances de l'Administration de France et du Board-of-Trade.

Le système électrique repose sur la formation d'un circuit électrique complet, les fils conducteurs fixés sous les caisses des wagons constituent la chaine de transmission et les piles installées aux deux extrémités du train forment la source de production du courant. Des commutateurs, boutons ou contacts, placés à la portée des agents du train et des voyageurs, permettent, en établissant ou en interrompant à volonté le circuit électrique, de mettre en mouvement des sonneries ou des timbres-avertisseurs.

L'autre système usité en Angleterre, consiste dans l'installation d'une corde régnant dans toute la longueur

---

(1) *I do no think the system of the cord, os non fitted, is likely to succeed id u only used to satisfy public opinion ; and it is far too roughly fitted up, and comes in contact with too many obstacles, all creating mon or less friction, to have any chance of working properly ou long train.*

du train, et dont une extrémité est attachée au sifflet de la machine, tandis que l'autre aboutit à la cloche d'alarme placée auprès des conducteurs ou du garde-frein d'arrière. Cette corde, passant à la portée des voyageurs, peut être actionnée par eux.

Voyons maintenant si ces deux systèmes peuvent réaliser la communication, objet de tant de recherches.

Pour que le circuit électrique soit complet et à l'abri de toute déperdition, il faut que les fils soient parfaitement isolés et que les contacts qui servent à relier les voitures les unes aux autres, soient constamment dans un état parfait de propreté.

En outre des diverses causes qui empêchent fréquemment les meilleurs appareils télégraphiques de fonctionner, l'application de l'électricité aux trains en marche en rencontre beaucoup d'autres, et d'un ordre différent, qui lui enlèvent toute efficacité, comme l'expérience l'a déjà démontré. La sécheresse continuelle des rails sous les tunnels, leur état onctueux dans les gares, sont des empêchements ; les plaques tournantes, le défaut d'éclisses, les voies transversales, formant autant de solutions de continuité des rails en sont d'autres. Ajoutez que dans chaque véhicule muni de la communication électrique, il faut au moins six contacts pouvant commander ou interrompre le circuit électrique (un par attelage et un par compartiment), ce qui donne environ de 80 à 100 contacts par trains ; or, il suffit qu'un seul de ces contacts ne soit pas en parfait état d'entretien ou de propreté, pour annuler la communication dans tout le train.

D'un autre côté, si l'on songe que les exigences du trafic nécessitent journellement l'introduction de wagons à marchandises dans presque tous les trains ordinaires de voyageurs, et si l'on se fait, par suite, une idée du nombre prodigieux d'appareils, de commutateurs, d'attelages électriques, etc., qu'il est indispensable de mettre en service, on comprendra combien il est difficile de tenir constamment des organes aussi délicats et multipliés dans ce « *parfait état d'entretien et de propreté* » et, par suite, d'assurer le bon fonctionnement des communications.

Si l'on considère, en outre, que tous ces appareils doivent fonctionner dans les trains en marche, c'est-à-dire au milieu du nuage de poussière qu'ils soulèvent sur la voie et du nuage de fumée et d'escarbilles que la locomotive laisse échapper, on est amené forcément à reconnaître l'impossibilité du fonctionnement régulier des communications électriques.

Ce n'est pas tout encore : depuis longtemps, les besoins de l'exploitation ont, en se généralisant, déterminé nonseulement l'usage des trains communs formés de véhicules appartenant aux diverses Compagnies françaises ou étrangères, mais encore un échange continuel et réciproque de matériel entre toutes les Compagnies de chemins de fer, dont tous les véhicules circulent et passent indifféremment par tous les points de jonction, d'une ligne sur une l'autre. Cet échange s'est développé à tel point qu'aujourd'hui les parcours du matériel de chaque ligne sur les autres lignes se comptent annuellement par millions de kilomètres, et qu'il comprend non-seulement les véhicules français, mais encore les voitures et les wagons des autres pays.

Or, étant donné cet état de choses, comment garantir le fonctionnement des communications électriques, alors que l'introduction, dans un train, d'un véhicule quelconque non muni de transmissions ou muni de transmissions d'un autre système que le véhicule qui le précède ou le suit, ou bien encore dont les appareils, quoique du même système, ne seraient pas exactement dans les mêmes conditions d'accrochage des fils conducteurs ou des piles, etc., suffit pour annuler le fonctionnement de la communication dans le train tout entier ?

Il existe encore d'autres empêchements, mais je ne veux pas allonger inutilement cet article ; d'ailleurs ceux que je viens d'énumérer suffisent amplement, je l'espère, pour démontrer que l'électricité est un moyen inefficace pour établir la communication dans les trains en marche.

Une partie des objections ci-dessus énoncées s'applique également aux systèmes de communications à l'aide de cordes et généralement à tous les systèmes mécaniques, accoustiques et autres.

La difficulté de réaliser « l'unité du système, » c'est-à-dire de faire adopter par tous les chemins de fer des appareils identiques ; l'obligation de munir de ces cordes tous les véhicules admis à circuler sur les voies ferrées ; la nécessité de maintenir en état constant de bon entretien et de parfait fonctionnement une aussi grande quantité de cordages, poulies, contre-poids, accrochages, etc., etc., suffiraient déjà pour rendre cet autre moyen impraticable, alors même que le système ne porterait pas en lui-même la cause de son inefficacité, dès qu'on veut en étendre l'usage à des trains composés d'un certain nombre de voitures.

En effet, tous les véhicules de chemins de fer sont munis à l'avant et à l'arrière de ressorts de chocs et de traction ; pour amortir les chocs qui se produisent par démarrage ou accroissement de vitesse, ralentissement ou arrêt du train, la course de ces ressorts est, en moyenne, de 10 à 15 centimètres pour l'allongement des barres de traction, et de 15 à 30 centimètres pour la compression des tampons ; l'écartement, entre deux véhicules contigus, peut donc varier de 25 à 45 centimètres par attelage ; ce double mouvement, alternativement expansif et compressif, peut faire varier de six à dix mètres,

la longueur d'un train composé de vingt-quatre véhicules, composition autorisée par les règlements.

Ceci posé, la corde de communication devra donc être
déroulée ou enroulée, par les agents du train, d'une longueur égale à l'expansion ou à la compression (longueur
pouvant atteindre dix mètres) avant de pouvoir actionner
le sifflet de la machine ou de la cloche d'alarme du fourgon
d'arrière ; et si on met ce moyen de communication à la
disposition des voyageurs, il faut que l'organe qui sera
employé puisse, dans chaque compartiment, se prêter à
un développement d'une égale étendue.

Telles sont les nombreuses causes de l'insuccès de tous
les moyens électriques et mécaniques essayés jusqu'à ce
jour, moyens dont l'inefficacité a été démontrée par l'expérience, ainsi que l'ont constaté les ingénieurs français
envoyés en Angleterre par les Compagnies en 1864, et
dont l'opinion a été confirmée en 1865 par la commission
d'enquête, par plusieurs ingénieurs du contrôle, et enfin,
plus récemment, par le colonel Yolland, du Board-of-
Trade.

Allons plus loin encore : supposons que la réalisation de l'un ou de l'autre de ces différents moyens
de communication soit un fait acquis ; qu'il soit adopté
partout et que son application soit passée dans la pratique
des chemins de fer ; et puis, après ? empêchera-t-on un
voyageur d'être frappé pendant son sommeil ? parviendra-
t-on, non-seulement à rendre l'usage du système facilement accessible aux victimes, mais encore à mettre en
même temps les agresseurs dans l'impossibilité d'anni-
hiler préalablement le fonctionnement de l'appareil par
lésion ou par tout autre moyen et d'empêcher par suite
les personnes attaquées de s'en servir ? Et pour les cas
d'incendie, fera-t-on que les organes des appareils de
communication ne soient précisément les premiers atteints

et mis, par l'incendie même, dans l'impossibilité de fonctionner au moment précis où le besoin est le plus urgent? Je ne parle ici que pour mémoire des dangers et des perturbations dans la circulation des trains qui pourraient résulter de la faculté donnée aux voyageurs d'arrêter les trains en pleine marche et sans motif sérieux.

En résumé, je crois avoir démontré avec évidence par ce qui précède, les quatre choses suivantes :

1° Les risques d'attentats contre les personnes et le danger d'incendie que courent les voyageurs dans les voitures de chemins de fer, sont infiniment moindres qu'on se le figure généralement ;

2° Les deux moyens de communication électrique et mécanique, prescrits par l'Administration en France et usités en Angleterre, sont inefficaces et il n'en pouvait être autrement;

3° La grandeur des efforts tentés par l'Administration depuis huit ans, et les dépenses qu'ont entraînées ses prescriptions, ont été tout à fait hors de proportion avec l'importance du but à atteindre ;

4° Les résultats de ces efforts et de ces dépenses n'ont supprimé ni amoindri les risques qu'il s'agissait de faire disparaître.

Le fait récent que j'ai rappelé au commencement de cet article, fait qui ne s'était pas reproduit depuis plusieurs années, confirme d'une manière éclatante ces conclusions.

En effet, le train dans lequel a été commis la tentative d'assassinat contre M. Lhermitte, était précisément muni du système de communication électrique le plus perfectionné. Les voitures de première classe de ce train étaient garnies de tous les appareils nécessaires aux voyageurs pour appeler le secours des agents du train.

M. Lhermitte, frappé dans une voiture de 2e classe, put malgré ses blessures, en suivant le marchepied, atteindre une voiture de première classe ; là, il brisa la glace derrière laquelle se trouve placée la sonnette d'alarme et agita cette sonnette, mais en vain, l'appareil ne fonctionna pas (1).

Les seuls moyens raisonnables à employer pour diminuer ces risques, d'ailleurs très-petits, après avoir été entrevus un moment par l'Administration, ont été abandonnés par elle comme étant irréalisables, ou présentant des dangers plus sérieux que ceux qu'on voulait éviter.

Il a suffi de deux mauvaises raisons invoquées par les Compagnies pour empêcher de donner suite à l'addition de glaces dormantes dans les cloisons des voitures. Cependant ces glaces, établies moyennant une très-faible dépense, pouvaient inspirer une crainte salutaire et constituer en tout cas, un épouvantail matériel ou moral aux malfaiteurs, sans porter aucune atteinte ni à la commodité, ni à l'indépendance des voyageurs, qui sont toujours à même d'en masquer l'ouverture s'ils le jugent à propos ; elles ne laissent passer, en outre, ni les paroles, ni les courants d'air, ni la fumée de tabac.

On comprend mieux l'abandon de la disposition concernant l'installation d'une galerie extérieure aux voitures. Elle était, en effet, irréalisable dans les conditions ordinaires du matériel et de la voie. Les obstacles placés sur la voie, les travaux d'art, ne laissent point au passage des trains un espace suffisant pour établir cette galerie, ni dans l'entrevoie, ni du côté extérieur à la voie, ni sur les voitures. D'un autre côté, la largeur restreinte de nos chemins s'oppose à son établissement dans l'intérieur des voitures ; car, ne pouvant leur donner assez de largeur, il

---

(1) Voir l'acte d'accusation de l'affaire Guyot-Lhermitte, publié dans le journal *la Liberté*, du 9 septembre 1868.

faudrait sacrifier une place par banquette, c'est-à-dire diminuer de 20 et 25 p. 0/0 leur contenant et, comme conséquence, augmenter, dans la même proportion, le rapport du poids mort au poids utile, rapport déjà trop élevé.

Quand bien même la chose serait possible, nos mœurs,
qui nous font rechercher en voyage l'isolement dans les
voitures et la distinction des classes dans les trains, ne s'y
opposeraient-elles pas ? Et puis, les avantages qu'on en
retirerait seraient des plus minces. Ce passage, en effet,
qui existe en Amérique, dans les voitures de chemins de
fer, n'a pas empêché, bien au contraire, l'incroyable
agression du mois de novembre 1864, sur le chemin de
New-York au lac Erié. Une bande d'individus, réunis à
Jersey-City, ayant pris place dans le train, se jetèrent sur
les voyageurs et les maltraitèrent en les sommant de livrer
l'argent et les bijoux qu'ils avaient sur eux ; plusieurs
ont été blessés fort grièvement et deux sont morts sur
place. Dans cette circonstance, il est évident que la disposition des voitures américaines a puissamment favorisé
les malfaiteurs en leur permettant de communiquer entre
eux et de se porter facilement dans toute la longueur du
train.

Quant au troisième moyen, ayant pour objet de rendre
possible la circulation sur les marchepieds des voitures,
par l'addition de mains-courantes le long des véhicules,
le seul des trois moyens proposés dont la réalisation a été
poursuivie, il ne peut être employé que par les agents
des trains ayant l'habitude de s'en servir ; le passage
d'une voiture à l'autre à franchir, les petites palettes in-
termédiaires à éviter, la longueur du parcours à faire le
long du train pour atteindre le fourgon de tête, dans lequel est le conducteur, sur un chemin aussi périlleux,
empêcheront toujours les voyageurs d'en faire usage.

Je me propose de montrer que les trois moyens dont il

vient d'être parlé, peuvent, non-seulement être facilement réalisés, mais encore que certaines voitures admises à circuler sur les chemins de fer fournissent cette solution et peuvent par leur disposition, donner aux voyageurs les moyens d'échapper à une agression ou à un incendie, et qu'elles permettent en cas de danger, de communiquer avec les agents des trains et le mécanicien, et cela sans exiger ni d'appareil spécial, ni conformité de types impossible à atteindre, voitures qui n'apportent enfin aucune complication nouvelle dans le mode d'attelage des véhicules, pour la formation et la déformation des trains.

II.

Des dangers que présentent les impériales actuelles des voitures de banlieue.

Dans l'article qu'on vient de lire, j'ai traité des dangers d'agression et d'incendie que courent les voyageurs dans les voitures de chemins de fer ; j'en ai montré le petit nombre et leur peu d'importance relative. Je me propose, dans celui-ci, d'étudier ceux bien plus nombreux qui résultent de la disposition des impériales des voitures actuelles en usage sur les lignes de la banlieue de Paris.

J'ai eu la curiosité de relever dans les bureaux du contrôle la liste des accidents, constatés officiellement, qui ont atteint les voyageurs sur les impériales de ces voitures pendant une période de sept années : du 31 décembre 1866, la liste que j'ai relevée va, en remontant, jusqu'au 1ᵉʳ janvier 1860 ; il me paraît inutile d'aller au-delà.

En voici le résumé :

En 1866. . . . . 23 accidents.
1865. 17
____
A reporter. . 40 accidents.

	Report. . .	40 accidents.
1864		14
1863		14
1862		9
En 1861		18
1860		14
	Total . .	109 accidents (1).

Ainsi, pendant une période de sept années seulement, sur des lignes dont le développement n'atteint pas 100 kilomètres, il s'est produit 109 accidents, généralement graves, car les victimes, le plus souvent frappées à la tête au passage des ponts et des souterrains, sont tuées sur le coup ou reçoivent des blessures telles qu'elles ont presque toujours la mort pour résultat.

Je dois ajouter que ces 109 accidents ne comprennent que ceux qui se sont produits sur la ligne de Vincennes et sur les lignes de banlieue des chemins de l'Ouest ; ceux qui ont pu se produire sur le chemin de fer du Nord et sur le chemin de Ceinture, où il existe également des voitures à impériale du même genre, ne sont pas compris dans cette liste.

On a vu combien l'Administration s'est préoccupée des dangers d'incendie et des attentats contre les personnes ; les efforts qu'elle a faits pour y porter remède ; les prescriptions réitérées dont cette question a été l'objet, et le peu de succès qui en a été la suite ; je n'ai pas trouvé les marques de la même sollicitude pour les voyageurs exposés au danger bien plus grave qui fait

---

(1) Nous donnons à la suite de cet article la liste des accidents de cette nature pour les exercices 1866 et 1865 seulement, le défaut d'espace ne nous permettant pas de reproduire la liste complète (voir l'annexe, page 32).

2

l'objet du présent article , danger qui s'affirme, malheureusement, tous les jours par des faits beaucoup plus nombreux que ceux dont il vient d'être question.

Il semblerait que le moyen radical pour éviter tous ces accidents, serait de supprimer simplement les impériales qui les occasionnent ; mais cela n'est pas possible, ainsi qu'on va le voir.

Les chemins de fer de la banlieue de Paris ont été créés, non-seulement pour desservir les localités qui se trouvent sur leurs parcours, mais surtout pour satisfaire au besoin général des Parisiens d'aller se réjouir ou se reposer à la campagne, et aussi, pour faciliter aux nombreux étrangers qui affluent et se renouvellent sans cesse à Paris, la visite des curiosités de toute nature et des beautés qui entourent la capitale.

Les magnifiques panoramas de Saint-Germain et de Saint-Cloud, leurs belles forêts , les anciennes splendeurs de Versailles avec son musée moderne, le bois de Boulogne, le bois et l'antique citadelle de Vincennes ont attiré de tout temps une grande foule de voyageurs. C'est ce qui a fait choisir ces villes pour y établir , dès l'origine des chemins de fer en France, les premières lignes construites pour un service régulier de voyageurs.

L'accroissement considérable de la population parisienne et du nombre des étrangers qui y affluent ; l'agrandissement de l'enceinte de Paris ; la nécessité de relier entre elles les nombreuses communes annexées ; la cherté des loyers qui a poussé une partie de la population à s'établir dans la banlieue ; le grand nombre des négociants parisiens qui, imitant en cela ceux de Londres, ont établi leur domicile particulier dans les campagnes environnantes ; les nouveaux villages qui s'y sont fondés et les nombreuses villas qui y ont été bâties , ont développé dans une telle proportion le nombre des voyageurs de banlieue, que huit lignes de chemins de fer établies spécialement pour la desservir, suffisent à peine aujourd'hui pour transporter ces voyageurs, sans compter un grand nombre de moyens différents qui concourent également à ces transports.

Ces lignes sont :

Sur la rive droite de la Seine : les lignes de Versailles et Saint-Cloud, de Saint-Germain, d'Auteuil, desservant le bois de Boulogne par quatre stations ; le chemin de Vincennes desservant le bois de Vincennes également par quatre stations ; la ligne circulaire de Paris-Ouest à Paris-Nord desservant Argenteuil, Enghien et Saint-Denis ;

Sur la rive gauche : la ligne de Sceaux et celle de Versailles (rive gauche) ;

Enfin, la ligne de Ceinture de Paris, reliant à l'intérieur des fortifications et sur les deux rives de la Seine, toutes les communes annexées.

Sur toutes ces lignes, à l'exception de celle de Sceaux, le service des voyageurs se fait avec des voitures à impériale.

L'affluence des voyageurs, sur les lignes de banlieue, est très-variable ; elle est faible pendant l'hiver et très-grande en été ; elle est plus considérable les dimanches que dans la semaine ; les jours de fêtes extraordinaires elle est immense.

Rien que sur les lignes de banlieue du réseau de l'Ouest (Auteuil, Versailles, Saint-Germain, Argenteuil, formant ensemble une longueur développée de 82 kilomètres), comprenant, il est vrai, la plus grande partie des lignes énumérées plus haut, le nombre des voyageurs transportés en 1867, a été de 19,371,677.

Dans la seule gare Saint-Lazare, les nombres moyens des trains et des voyageurs transportés par jour ont été les suivants (1) :

---

(1) Ce calcul ne comprend ni les voyageurs, ni les trains spécialement affectés au service de l'Exposition universelle.

		trains.	voyageurs.
Pendant la saison d'hiver	en semaine	185*	28052
	les dimanches	200	40734
Pendant la saison d'été	en semaine	207	44955
	les dimanches	302	99291

Pendant la journée du dimanche 2 juin 1867, jour où ont eu lieu les courses du grand prix au bois de Boulogne et les grandes eaux de Versailles, il y a eu 475 trains partants ou arrivants ; le nombre des voyageurs s'est élevé à 159,742 ; le même jour, la gare de Montparnasse a eu à faire 110 trains qui ont transporté 36,024 voyageurs ; ensemble : 585 trains et 195,766 voyageurs transportés dans la même journée sur les lignes de banlieue appartenant à la Compagnie de l'Ouest. Le service des trains de banlieue commençant à 7 heures du matin et durant jusqu'à minuit, c'est-à-dire pendant 17 heures, il y a eu, en moyenne, pendant la journée du 2 juin, 34 trains par heure.

Le nombre des voitures affectées spécialement à ce service était de 768, contenant ensemble 43,244 places ; ce nombre de voitures comprenait 506 voitures avec impériales, offrant 36,024 places.

La capacité moyenne de toutes les voitures de banlieue est de 56 places par voiture.

Si les impériales avaient été supprimées, il aurait fallu les remplacer par 314 voitures à 40 places, et, comme les trains sont composés ces jours-là du nombre maximum de voitures autorisé par les règlements, il aurait fallu augmenter encore le nombre des trains, déjà beaucoup trop considérable.

Si l'on considère que ce matériel est spécial pour les lignes de banlieue et qu'il ne peut, à cause de sa hauteur, être employé sur les grandes lignes, ce qui fait que la plus grande partie de ces voitures chôme dans les remises pendant la semaine et surtout pendant la saison d'hiver, on comprendra qu'une telle augmentation du nombre de ces voitures serait trop onéreuse, et on reconnaîtra que les services rendus par les voitures à impériale sont tels, que leur utilité ne peut être contestée, et qu'on ne peut songer à demander leur suppression, malgré les dangers qu'elles présentent et que nous allons examiner.

Pour arriver aux places qu'ils doivent occuper dans les impériales, les voyageurs, après avoir gravi difficilement un escalier peu commode, sont obligés de faire, pour y pénétrer, le tour de l'impériale en passant sur le bord extérieur du pavillon de la caisse inférieure, suspendus, pour ainsi dire, à la main-courante qui règne à la partie supérieure de l'impériale, au-dessus d'un abîme dans lequel un faux pas, un faux mouvement, peut les précipiter.

Les corniches extérieures de la caisse et de l'impériale passent au plus près des voûtes, des ponts et des tunnels ; le dessus du pavillon de l'impériale, à quelques centimètres seulement du dessous des ponts droits. Il en résulte que du côté extérieur à la voie, le gabarit des travaux d'art ne laisse, pour le passage par lequel on pénètre dans les impériales, qu'un espace libre représenté par un triangle ayant environ 40 à 45 centimètres à la base et $1^m,25$ $1^m,30$ de hauteur. Il en résulte encore que lorsqu'ils sont parvenus à ce passage difficile, les voyageurs ont toute la partie supérieure du corps en saillie de 40 à 50 centimètres sur le gabarit, et qu'en outre du danger de tomber sur la voie, ils courent le risque d'avoir la tête fracassée par les ponts et par les souterrains, lorsqu'ils veulent circuler pendant que le train est en marche.

Or, il est impossible d'empêcher la circulation des voyageurs pendant la marche du train. On a beau multiplier les inscriptions pour avertir les voyageurs, en mettre à toutes les stations, dans l'intérieur de toutes les impériales, les faire en caractères les plus gros et les plus voyants, rien ne fait contre la nature des choses.

D'abord, quand il fait nuit, les impériales n'étant pas

éclairées, les inscriptions ne se voient pas ; ensuite, comme on le sait, la foule, lorsqu'elle se précipite à chaque station, les dimanches surtout, pour conquérir une place dans le train, ne connait plus ni parents ni amis, on se sépare, chacun cherche à se placer et y parvient le plus souvent. — Le train part ; alors les membres épars des groupes rompus à l'escalade du train s'appellent, se retrouvent ; ils cherchent à se rejoindre ; un petit espace seulement les sépare ; pour se réunir il faudrait franchir le passage dangereux que j'ai décrit ; malgré le danger, on n'hésite pas. Ajoutez à cela le bruit, les cris, l'émotion naturelle dont les voyageurs qui n'ont pas une grande habitude des chemins de fer ne peuvent se défendre, les têtes, échauffées par une journée de plaisir, et on conviendra qu'il est difficile de comprendre que ces sortes d'accidents ne soient pas encore plus nombreux.

Dans le dernier article qui terminera cette étude, j'espère montrer que les dispositions qui permettront d'établir dans les voitures une communication suffisamment accessible aux voyageurs et aux agents pour remédier aux risques d'attentats et d'incendies, supprimeront également les dangers que présentent les impériales actuelles.

III.

De l'abaissement des tarifs.

Nous nous sommes occupés, dans les deux premiers articles, de deux questions concernant la sécurité des voyageurs sur les chemins de fer. Certes, ces deux questions ont une très-grande importance ; loin de moi la pensée de l'amoindrir ; je reconnais, au contraire, que les questions qui touchent à la sécurité des voyageurs méritent une grande sollicitude de la part de l'administration ; mais il est juste qu'elle s'étende également à

tous, et qu'elle soit proportionnée à l'importance du sujet ;
je reconnais également qu'il est du devoir des Compagnies
de s'efforcer constamment de faire disparaître les dangers
ou, au moins, d'atténuer de plus en plus les risques
auxquels les voyageurs sont exposés.

Mais dans la revendication des mesures à prendre, on
doit bien se garder des exagérations qui résultent des
sentiments excités par un accident récent ou un malheur
particulier.

Il ne faut pas oublier que les chemins de fer sont des entreprises financières dans lesquelles toutes les questions se
résument dans un chiffre, et qu'exiger des Compagnies
des dépenses qui ne seraient pas en rapport avec le but
à atteindre, c'est créer un obstacle à leur établissement
et à leur développement.

En somme, de quoi s'agit-il, au fond ? D'un peu de
sang répandu en présence d'une révolution opérée dans
les transports, à laquelle on doit en grande partie le dou-
blement, en moins d'un quart de siècle, de la richesse
des nations qui emploient les chemins de fer.

Pour chacun de nous, une blessure grave, pour ceux
qui nous aiment ou que nous chérissons, la perte de la
vie, ne peuvent être compensées par tous les trésors de la
terre ; mais pour le philosophe, pour l'économiste, qui
savent ce que les moindres conquêtes de l'homme sur la
nature ont coûté de sang ; pour ceux qui ont fait le
compte des hécatombes immolées par les guerres qui ont
ensanglanté le monde depuis son origine, des victimes
sacrifiées pour la colonisation, par la navigation, par les
mines, etc., pour ceux-là, la vie de quelques hommes, en
face d'un avantage important dont la société tout entière
bénéficie, a une importance bien différente.

Il est une autre question bien autrement considérable
que celles qui précèdent, c'est celle de l'abaissement des

tarifs. Tout le monde réclame cet abaissement : l'agriculture, le commerce, l'industrie. Les journaux de tous les partis, les conseils généraux, les chambres de commerce, les syndicats de l'industrie, la tribune le demandent à grands cris. Le pays qui, le premier, le réalisera, se créera par cela seul un avantage considérable sur les autres nations.

Que fait l'Administration dans ce nouvel ordre d'idées, je ne dirai pas pour réaliser le progrès désiré, mais seulement pour donner l'impulsion autrement que par des concessions insignifiantes, exigées des Compagnies et payées par le pays sous la forme de garantie d'intérêts, ou par des faveurs qu'en fin de compte les contribuables acquittent sans amener aucun progrès, sans réaliser aucune réforme qui puisse engager les chemins de fer dans la voie des réductions sérieuses des dépenses d'établissement et d'exploitation, qui auraient pour conséquence rationnelle l'abaissement parallèle des prix de transport ?

M. Rouher, alors qu'il était ministre des travaux publics, a montré du doigt l'un des plus grands obstacles qui s'opposent, et celui qui s'opposera longtemps encore à l'abaissement des tarifs, en s'exprimant en ces termes à la tribune du Corps législatif (*Moniteur* du 13 avril 1866, page 432) :

« *Pour l'industrie des transports*, LA GRANDE PLAIE, *je* « *vais le dire en termes techniques*, C'EST LE POIDS MORT. « — *Plus on diminue le poids mort, plus on diminue la* « *traction d'un poids inutile et non rémunérateur, et* « *plus on réalise de bénéfices.* »

Une autre grande plaie, pour lui emprunter ses expressions, que M. Rouher a omis de signaler et qui pèsera longtemps aussi sur les prix des transports, *c'est la dette* des chemins de fer, dette considérable causée par le prix beaucoup trop élevé de leur établissement.

Lorsqu'on compare les énormes dépenses que l'établissement des chemins de fer a absorbées, avec celles qui auraient pu suffire, on est effrayé. Quand on passe la revue de ces dépenses, lorsque les chiffres défilent successivement sous les yeux en régiments pressés, comme une immense armée composée de plusieurs milliards de soldats qui ne se nourrissent que d'intérêts et de dividendes, il semble que c'est un gouffre dans lequel on a jeté l'argent de la nation comme à plaisir. Ce mal est organique, les chemins de fer n'en pourront être soulagés tant que les principes économiques qui sont admis aujourd'hui auront cours.

Mais en est-il de même de l'autre plaie, *le poids mort*? Se fait-on une idée de son importance? J'ai eu la curiosité de rechercher le poids de tous les véhicules dont se compose le matériel roulant des six grandes Compagnies, afin d'en déterminer le chiffre ; les éléments de ce calcul m'ont été fournis par les états statistiques annexés aux rapports des conseils d'administration des Compagnies à leurs actionnaires et obligataires pour l'exercice 1867 : ils sont résumés dans le tableau d'autre part.

COMPAGNIES.		MATÉRIEL MOTEUR	MATÉRIEL DE TRANSPORT.		TOTAUX.
		Machines et tenders.	Voitures et wagons de grande vitesse.	Wagons de marchandises.	
Lyon.	nombres.	1322	3335	39782	
	poids en tonnes.	48371	21889	184203	284473
Est.	nombres.	825	3091	18932	
	poids en tonnes.	29700	18618	87087	135405
Nord.	nombres.	735	1884	16275	
	poids en tonnes.	26460	10795	74865	112120
Ouest.	nombres.	575	2919	10540	
	poids en tonnes.	20700	16638	48484	85822
Orléans.	nombres.	715	2545	15768	
	poids en tonnes.	25740	14806	72532	112778
Midi.	nombres.	304	1312	8979	
	poids en tonnes.	10944	7478	41303	59725
Totaux.	nombres.	4476	15086	110276	
	poids en tonnes.	161915	89924	508474	760313

Sept cent soixante millions de kilogrammes, voilà quelle est l'évaluation aussi approximative que possible du poids mort.

Si on retranche de ce chiffre :

1° 6 à 8 p. 100 pour le matériel en réparation ;

2° 15 à 20 p. 100 pour le matériel *à disposition* ou en chargement, soit environ 25 p. 100, représentant le matériel immobilisé, il reste *cinq cent soixante-dix mille tonnes de poids mort journellement en mouvement.*

Se figure-t-on le travail mécanique qu'il faut développer et quelles dépenses de traction sont nécessaires pour mouvoir, avec les vitesses que l'on connaît, une telle masse improductive !

Aux chiffres qui précèdent, il convient d'opposer la contre-partie. Si nous recherchons, dans les mêmes documents, le poids des voyageurs et celui des marchandises que ce matériel a servi à transporter journellement, en 1867, nous trouvons :

COMPAGNIES.	POIDS UTILE.		
	Voyageurs (à 65 kil. l'un)	Marchandises.	Tonnage total.
Paris-Lyon-Méditerrannée	3508 tonnes	40029 tonnes	43537 tonnes
Est.	4247	19538	23835
Nord.	2439	19489	21928
Ouest.	5079	9887	14966
Orléans.	2420	15823	18243
Midi	1109	8934	10043
Totaux. . . .	18802	113750	132552

Cent trente-deux millions cinq cent mille kilogrammes. Ainsi pour transporter journellement 132500 tonnes de poids utile, les chemins de fer traînent 570000 tonnes de poids mort. Le rapprochement de ces deux chiffres, c'est-à-dire le rapport entre le poids mort et le poids utile, donne la mesure de cette *grande plaie* si justement nommée ainsi par M. Rouher. — Ce rapport peut être exprimé de la manière suivante : *sur les chemins de fer on traîne environ* QUATRE DE POIDS MORT *pour transporter* UN DE POIDS UTILE.

S'il était possible de réduire ce rapport dans une notable proportion, n'est-il pas vrai qu'il en résulterait immédiatement une diminution des dépenses coïncidant avec une augmentation des recettes, car chaque tonne de poids mort retranchée dans l'établissement du matériel serait autant de diminué pour son acquisition et son entretien; en outre, cette tonne de poids mort transportée en moins correspond à une tonne de poids utile qui pourrait être transportée en plus, conséquemment à une augmentation de recettes.

Voilà le problème dont la solution importe et sur lequel l'Administration aurait dû concentrer tous ses efforts et tous les moyens dont elle dispose. — Au contraire, par les exigences de plus en plus grandes du gouvernement, par les jugements trop sévères des tribunaux, les Compagnies ont été poussées à exagérer de plus en plus le poids de leur matériel pour en augmenter la résistance : il semble, vraiment, que l'idéal à atteindre pour les transports soit que deux trains lancés à toute vapeur l'un sur l'autre puissent se heurter sans éprouver d'avarie.

C'est ainsi que le poids des voitures à voyageurs qui était à peine, autrefois, de 400 kilogrammes, atteint aujourd'hui, pour des voitures à 28 places, jusqu'à 8800 kilogrammes, et que les wagons de marchandises qui pesaient 3000 kilogrammes pour un chargement de six tonnes, pèsent maintenant 7000, 8000 et jusqu'à 8800 kilogrammes, pouvant, il est vrai, porter de huit à dix tonnes de chargement, mais qui, en réalité, ne portent qu'un poids beaucoup moindre, ainsi que l'indiquent les moyennes

suivantes, puisées aux mêmes sources, des chargements
obtenus en 1866 sur les wagons de marchandises :

Paris-Lyon-Méditerrannée....	$3^t,85$
Est	3, 59
Nord	3, 04
Ouest.	3, 81
Orléans	3 ,83
Midi	4 ,29

Que ces conditions sont loin de celles qu'avaient réalisées autrefois les anciens transporteurs. En effet , lorsqu'on se reporte aux conditions analogues de transports
par les messageries et le roulage sur les routes de terre,
dans lesquelles les entrepreneurs étaient parvenus à
abaisser ce rapport jusqu'à n'être plus, pour les voyageurs
que de 0,8 de poids mort pour 1 de poids utile, et, pour
les marchandises, de 0,33, on est en droit de demander
quels progrès, en dehors des masses transportées, de
la vitesse, de la fréquence et de la régularité, l'industrie
des chemins de fer a réalisés.

A ces deux plaies de la dette et du poids mort dont
nous venons de sonder la profondeur, il faut ajouter la
vitesse exagérée des trains de marchandises. — Chacun
sait que la charge qu'une locomotive peut traîner est
d'autant plus faible que la vitesse est plus grande, ce qui
revient à dire que la même locomotive, avec la même
dépense, peut transporter une charge plus grande avec
une vitesse moindre, ou encore que l'unité de trafic transportée à grande vitesse coûte beaucoup plus cher qu'à
petite vitesse. La dépense s'accroît dans des proportions
bien supérieures à l'augmentation de vitesse.

Quelle nécessité y a-t-il à transporter à des vitesses de
25 et 30 kilomètres à l'heure la plupart des grosses marchandises, telles que les houilles, les pierres, les bois,
les engrais, les blés même, etc., qui forment la grande

masse des transports et qui vont s'entasser dans les magasins et les entrepôts pour y attendre la vente ou l'emploi ?

Malgré leur vitesse exagérée, les marchandises ne prennent pas moins un délai très-long pour leur expédition, par suite du temps perdu pour leur réception dans les gares, pour le chargement, le déchargement et la livraison, temps qui serait certainement mieux utilisé à faire la route avec une vitesse moindre.

Ces lenteurs qui font accumuler les marchandises dans les gares et font ressembler celles-ci à de véritables entrepôts ou à des doks, doivent être attribuées à l'organisation vicieuse du service des gares, dans lesquelles les opérations si importantes du chargement et du déchargement sont abandonnées aux hommes les plus bas placés sur l'échelle des emplois, à ceux qui font là leur apprentissage pour passer ensuite à d'autres fonctions. Il n'en faut pas davantage pour expliquer le peu de soin avec lequel chacun sait que sont traités les colis dans les chemins de fer.

Si la vitesse normale pour les marchandises était abaissée à 12 kilomètres, vitesse qui correspond au minimum de traction sur les chemins de fer, et qui représente encore celle avec laquelle les voyageurs étaient transportés par les anciennes diligences, ce qui serait assurément bien suffisant aujourd'hui pour les grosses marchandises ; si le chargement des trains était effectué par des entreprises de chargeurs responsables, comme cela se pratique dans les ports ; si le soin de recueillir et d'expédier les marchandises était confié à des commissionnaires indépendants des Compagnies, opérant pour leur compte, à leurs profits, risques et périls, et se faisant réciproquement concurrence, — une économie importante ne tarderait pas à être réalisée.

Si, en outre, au lieu d'être laissée complétement entre les mains des grands financiers constituant, par les conseils d'administration, autant de petits gouvernements pour lesquels les questions financières et d'influence sont les principales préoccupations, et ont pris le pas sur les véritables questions de transports, lesquelles sont laissées aux soins des chefs de service, plutôt ingénieurs que transporteurs, et à des agents à appointements fixes pour lesquels leur position à conserver est le premier des devoirs, formant collectivement une administration particulière trop centralisée, — si l'exploitation des chemins de fer était ramenée à ce qu'elle doit être naturellement, à ce qu'elle sera nécessairement un jour, c'est-à-dire à un simple office de traction, offrant aux voyageurs, pour les transporter aux plus grandes vitesses possible, des véhicules disposés comme doivent l'être toutes les voitures établies pour des transports économiques, c'est-à-dire pouvant recevoir confortablement des voyageurs à la fois dans l'intérieur de la caisse et au-dessus, — offrant à la production, pour le transport de ses produits, des trains uniquement composés d'essieux montés sur roues, reliés deux à deux par une flèche et réunis par une simple barre de traction, ce qui suffirait pour arrimer facilement les caisses contenant les marchandises recueillies par les soins des commissionnaires de transports, les uns et les autres remorqués par des locomotives plus judicieusement proportionnées aux conditions normales des transports qu'elles ont à effectuer, et dont la puissance serait plus complétement utilisée, au risque de multiplier les machines de renfort pour aider à franchir les passages difficiles ; — les caisses pour les marchandises, appartenant aux commissionnaires, seraient établies par eux dans les conditions les plus avantageuses à leur transport dont ils resteraient responsables, conditions qui seraient promptement reconnues les meilleures et trouvées par leur initiative excitée par leur concurrence intelligente : il en résulterait bientôt un abaissement notable du poids mort, une économie importante dans les dépenses, et un accroissement de puissance de transport et de recettes, tous ces progrès se résumant, naturellement, dans un abaissement correspondant des tarifs.

A l'origine des chemins de fer, alors que la locomotive venait d'être créée par Stephenson et Seguin, les préoccupations des ingénieurs devaient être naturellement de chercher à perfectionner ce magnifique instrument dont la société venait d'être dotée, instrument qui devait amener une révolution dans l'industrie des transports et qui mettait dans les mains de l'homme une nouvelle puissance capable de transporter les plus grandes masses.

Aussi, depuis ce moment, la locomotive n'a cessé d'être l'objet des études d'un grand nombre de savants ingénieurs et d'habiles constructeurs ; elle a reçu successivement toutes les améliorations qui l'ont amenée au point de perfection où elle est aujourd'hui. — La locomotive a été si bien étudiée, elle est déjà si perfectionnée et si simple, elle remplit si bien les conditions variées de sa destination qu'elle laisse, dès à présent, peu à désirer ; on peut dire hardiment, avec M. Couche, dans son remarquable rapport au Jury international sur les machines locomotives à l'Exposition universelle : tant qu'elle sera fondée sur les mêmes principes, tant qu'elle sera une des formes de la production du travail par la combustion du charbon et la transmission de ce travail par la vapeur d'eau, la machine locomotive ne recevra plus de modifications profondes, ni de perfectionnements capables d'influer d'une manière sensible sur les tarifs.

Pendant longtemps, on a pu croire qu'avec un pareil moteur il n'y avait plus à s'occuper des poids à traîner et des vitesses à atteindre, sa puissance paraissait telle qu'elle serait toujours supérieure au travail qu'on pourrait lui demander et aux charges qu'on aurait à lui faire transporter. Mais sous l'action des progrès incessants de l'industrie, la production a pris un si prodigieux développement, l'usage et le goût des voyages se sont tellement généralisés, que les transports ont augmenté dans une proportion plus rapide que les moyens d'accroître la puissance des machines locomotives.

Cette puissance qui semblait infinie a trouvé sa limite d'une part dans les inconvénients qui résultent des dimensions exagérées des machines, et d'autre part dans la résistance des rails et de la voie. Les locomotives qui, au début des chemins de fer, pesaient de 12 à 15 tonnes, pèsent ordinairement, aujourd'hui, de 30 à 35 tonnes, vides, montées sur six roues, et 35 à 40 tonnes en charge ; les grosses machines atteignent même 50 tonnes vides, et 60 tonnes chargées, portées sur 10 ou 12 roues.

Ces poids excessifs ont nécessité une augmentation parallèle de la force des rails, qui de 20 à 25 kilogrammes le mètre courant ont été portés successivement à 30, 32, 35 et 38 kilogrammes ; déjà, même, sur quelques points, on leur donne 40 kilogrammes le mètre, et on substitue, en outre, l'acier au fer, afin qu'ils puissent mieux résister au service des machines dont la charge sur les essieux moteurs, est de 12 et va quelquefois jusqu'à 14 tonnes, limite qu'il ne serait pas prudent de dépasser.

On ne pourrait, non plus, avec des rampes de plus en plus fortes comme on les fait maintenant, augmenter la longueur des trains au-delà de 24 voitures pour les voyageurs et de 50 wagons pour les marchandises, sans accroître en pure perte la résistance des trains au passage des courbes.

Lorsqu'on jette les yeux sur les graphiques où est tracée la marche des trains de chaque Compagnie, ces trains paraissent si nombreux et forment un réseau tellement inextricable, qu'on ne peut guère espérer en augmenter notablement le nombre.

Aussi commence-t-on à reconnaître que c'est ailleurs qu'il faut chercher l'augmentation de puissance de transport des chemins de fer. C'est dans une meilleure utilisation de la force des machines et de la résistance des rails qu'on la trouvera, c'est surtout dans la diminution du rapport du poids mort au poids utile appliqué au matériel de transport.

Nous venons de voir que les dimensions actuelles des locomotives rendent obligatoire l'emploi de rails pouvant porter normalement de 12 à 14 tonnes par essieu de machine. Or, ces rails ne portent réellement que 4500 kilog. par essieu de voiture, et 8000 kilog. au maximum par essieu de wagon à charge complète de 10 tonnes. Cet écart de 4 à 6 tonnes par essieu pourrait être utilisé à augmenter la charge productive dans les voitures et dans les wagons, sans donner lieu de craindre une usure plus rapide des rails, car si, d'un côté, on augmente la charge qu'ils auront à supporter par chaque paire de roues de wagon, on diminue, de l'autre, dans la même proportion le nombre des roues du train pour une même charge remorquée.

Le plus petit progrès réalisé dans le sens que je viens d'indiquer ferait beaucoup plus pour l'abaissement des prix de transport que le plus grand perfectionnement de la machine-locomotive. En effet, je veux supposer que, par impossible, on parvienne à réduire de moitié la consommation des locomotives pour un même travail produit ; c'est là, on en conviendra, une amélioration fort improbable ; quelle serait l'importance d'une pareille réduction de dépense? Les locomotives ne consomment plus, aujourd'hui, que 7 à 8 kilogrammes de combustible par kilomètre de parcours de train de voyageurs pesant, brut, 100 à 130 tonnes, et de train de marchandises de 350 à 400 tonnes ; cette consommation représente une valeur d'environ 20 à 25 centimes ; une réduction de moitié réalisée sur cette dépense produirait une économie de dix à douze centimes par kilomètre de train ; répartie sur les 500 voyageurs ou les 200 tonnes de marchandises du train, cette économie serait insignifiante : deux voyageurs ou deux tonnes de marchandises traînées en plus par chaque machine représentent une recette équivalente à cette réduction de dépense qui, cependant, couvrirait de gloire l'ingénieur qui l'aurait réalisée.

On voit, par ce qui précède, que le véritable champ du progrès pour les chemins de fer est surtout dans l'amélioration de leur matériel de transport, trop longtemps délaissée par les ingénieurs, pour la locomotive qui leur offrait plus d'attraits et les sollicitait davantage.

Il y a dans la voie que j'indique de grands progrès à accomplir et des améliorations importantes à réaliser ; c'est de ce côté qu'à présent les ingénieurs doivent porter leurs études, c'est de ces améliorations qu'ils doivent principalement se préoccuper. Il y aura longtemps encore beaucoup à faire avant d'avoir réalisé complétement, dans l'établissement du matériel roulant, les lois rationnelles des transports qui permettront d'en abaisser le prix à sa juste valeur.

Tout progrès sérieux qui sera obtenu dans cette voie aura pour heureuse conséquence d'abaisser le prix de tout ce qui se produit et se consomme, sans diminuer le taux de la main-d'œuvre du travailleur, ni réduire le bénéfice du fabricant, et de provoquer en même temps l'éclosion de nouvelles industries et d'ouvrir un plus grand nombre de sources à la richesse publique. Quel plus noble but peut-on proposer à leurs travaux et quelle plus belle récompense peut-on désirer pour ceux qui réussiront ?

C'est après m'être bien pénétré de ces principes et de leurs conséquences que j'ai entrepris, dans la mesure de mes forces, d'en réaliser une partie, au moyen des nouveaux systèmes de voitures à voyageurs et de wagons à marchandises que je propose d'adopter pour les transports par chemins de fer. — Ces véhicules feront l'objet du quatrième et dernier article que doit comporter ce travail.

IV.

Du moyen de réaliser l'abaissement des tarifs, de supprimer les dangers des impériales et de diminuer les risques d'agression dans les voitures.

J'ai dit, dans les articles qui précèdent celui-ci, que la solution des trois questions de sécurité et d'économies qui y sont traitées, n'existait pas seulement à l'état de projet et d'étude, mais encore que des voitures admises à circuler sur les chemins de fer en fournissent la solution et, par leur disposition, donnent aux voyageurs le moyen d'échapper à une agression ou à un incendie, en même temps qu'elles permettent, en cas de danger, de communiquer avec les agents des trains et avec le mécanicien.

Avec ces voitures, les voyageurs d'impériales n'ont plus aucun danger à redouter de la rencontre des ponts, des souterrains et des travaux d'art, pour parvenir jusqu'à leurs places ou pour les quitter : ils peuvent, en marche, changer de place et même de voiture, sans courir aucun risque, protégés qu'ils sont par le périmètre de la voiture dans l'intérieur duquel ils restent toujours, quelles que soient les diverses positions qu'ils puissent occuper pendant le trajet.

Je vais essayer de montrer, en outre, comment l'emploi généralisé de ces mêmes voitures et d'un nouveau système de wagons à marchandises, dont il sera parlé plus loin, pourrait aider à la réalisation de l'abaissement des tarifs.

Je suis, on le sait, l'auteur des véhicules dont il s'agit, et si je m'attribue la mission de parler avantageusement de mes véhicules, c'est d'une part, que je les regarde comme le moyen le plus efficace imaginé jusqu'ici pour atteindre le but ; d'autre part, qu'en ma qualité d'inventeur, je ne sache personne qui en ait approfondi l'idée et qui soit, par conséquent, apte, mieux que moi, à en faire ressortir les avantages. — Je n'obéis, en tout cas, à aucun mobile d'intérêt personnel ; je cède uniquement au désir qui me domine de faire quelque chose, s'il est possible, pour le bien général.

Le système de voiture dont il va être question est celui qui a fait l'objet du rapport de la Commission des inventions et réglements en date du 16 octobre 1864, accompagné et complété par une lettre de l'inspecteur général des ponts et chaussées, M. Duparc, datée du 11 novembre suivant (1). Ce rapport, que je n'ai pas sollicité, m'a valu les félicitations de M. le ministre des travaux publics, dans une lettre qu'il a bien voulu nous adresser, à moi et à M. Bournique, mon ancien associé, le 22 février 1865, en nous donnant communication officielle de ce rapport et de la lettre circulaire adressée aux Compagnies de chemins de fer pour les autoriser à faire usage de ce système de voiture à deux étages.

---

(1) Publié dans l'Annuaire 1865 de la Société des anciens élèves des Écoles impériales d'arts et métiers. — Au siége de la Société et chez E. Lacroix, éditeur, 15, quai Malaquais.

Il a fait également l'objet d'un autre rapport de M. A. Baude, inspecteur général des ponts et chaussées, vice-président de la Société d'encouragement pour l'industrie nationale, approuvé en séance du 31 octobre 1866. Le Conseil de cette Société, approuvant les conclusions de ce rapport, a décidé que la médaille d'argent me serait décernée.

Des spécimens de ces nouveaux véhicules figuraient à l'Exposition universelle de 1867, sous les numéros 41, 49 et 96 de la classe 63 (*matériel des chemins de fer*).

L'inventeur, le constructeur et la Compagnie des chemins de fer de l'Est qui emploie ces voitures, ont obtenu chacun une médaille d'argent.

Le premier spécimen était une voiture à deux étages exposée par la Compagnie de l'Est, qui possède un certain nombre de ces voitures ; elle comprenait 8 places de 1re classe, 20 de 2me et 50 de 3me, en tout 78 places, et pesait, vide, 7,500 kilogrammes.

Le second, exposé par moi, était une voiture à deux étages, établie plus spécialement pour les chemins de fer départementaux et d'intérêt local ; elle comprenait 54 places de toutes classes et pesait 5,500 kilogrammes.

Le troisième était un spécimen du système de wagons à marchandises dont je dirai quelques mots plus loin.

Outre la Compagnie des chemins de fer de l'Est qui a, la première, employé les voitures à deux étages et qui a l'intention d'en développer l'usage, le chemin de fer de Ceinture de Paris, ceux de Pont-Audemer à Montfort, de Gisors à Pont-de-l'Arche, de Vitré à Fougères, de Lille à Béthune, de Saint-Gobain à Chauny, les ont adoptées également. On en construit en ce moment pour les chemins de fer du Médoc, de Perpignan à Prades, d'Enghien à Montmorency et pour les chemins de la Haute-Italie et du sud de l'Autriche ; elles ont été mises à l'étude par les Compagnies d'Orléans et du Grand-Central belge. On voit que l'usage de ces nouvelles voitures a déjà reçu un développement sérieux.

Ce système de voiture se compose de deux caisses superposées. La caisse inférieure ne diffère pas sensiblement de celles des voitures ordinaires, si ce n'est qu'elle a été abaissée de 45 à 50 centimètres, au moyen d'un châssis surbaissé, à longerons en fer, se relevant en crosse à chaque extrémité pour ramener les appareils de choc et de traction à la hauteur ordinaire. Cet abaissement notable de la caisse a permis de supprimer les palettes supérieures des marchepieds ; on accède à cette caisse par la seule palette longitudinale inférieure servant de marchepied, qui est conservée et sur laquelle la circulation, au moyen de mains-courantes horizontales qui règnent sur toute la longueur de chaque voiture, est rendue plus facile.

Ce châssis surbaissé a permis, en outre, de donner à la caisse supérieure une hauteur suffisante pour établir à l'intérieur un passage longitudinal pour la circulation des voyageurs ; des escaliers commodes, faciles et sans danger, placés à chaque bout de la voiture, y conduisent. Il a, enfin, rendu possible aux voitures à impériale de ce système de passer facilement sous le gabarit le plus restreint des chemins de fer, condition indispensable au développement de ces voitures et que ne remplissent pas les voitures à impériales actuelles.

Ces dispositions réalisent, dans la mesure du possible, les trois moyens signalés par les circulaires ministérielles des 12 et 29 décembre 1860 : 1° *Disposition convenable des marchepieds pour permettre une circulation facile ;* 2° *Galerie extérieure ;* 3° *Glaces dormantes dans les cloisons séparatives.* La première voiture de ce système, construite en 1863, celle qui a fait l'objet de l'examen et du rapport de la Commission des inventions et règlements, était munie de glaces dormantes, avec coussinets tombants, placées au-dessous des filets ; l'abaissement de la caisse a rendu inutile le deuxième marchepied ; la palette longitudinale du premier marchepied se trouve, par suite, dégagée ; enfin, un couloir ménagé dans le milieu de la caisse supérieure règne dans toute la longueur du train composé de voitures à deux étages.

Le voyageur, déjà protégé moralement à la fois par les glaces des cloisons et par le voisinage des voyageurs placés au-dessus, dans la caisse supérieure, a le moyen s'il est attaqué, de s'échapper par la portière et de gagner soit un autre compartiment, soit le passage supérieur, en parcourant seulement sur le marchepied, aidé des mains-courantes horizontales, les quelques mètres qui le séparent des escaliers ; les voyageurs des compartiments voisins peuvent, de la même manière, se porter au secours de la personne attaquée.

En cas d'incendie ou de tout autre danger, aperçu par les agents ou les voyageurs, ce passage leur permet de se porter, soit à l'avant, soit à l'arrière du train, et de communiquer avec les agents et le mécanicien.

Cet avantage a, du reste, été signalé à l'Administration dès 1864, par M. Couche, inspecteur général des mines, actuellement chargé du contrôle des chemins de fer de Paris-Lyon-Méditerranée, ainsi qu'il ressort des termes suivants de la lettre du 22 juin 1864, qu'il me fit l'honneur de m'écrire :

« En citant votre étude comme une preuve des recher-
« ches qui ont pour but l'amélioration du matériel rou-
« lant, j'ai fait remarquer au Ministre que le principe de
« votre disposition se prêterait facilement à l'établissement
« par l'étage supérieur, d'une communication dans toute
« l'étendue du train, si cette communication, souvent ré-
« clamée, était jugée vraiment utile ».

Avec les voitures à deux étages, ou à impériales fermées, on peut dire que les dangers que présentent les impériales ouvertes des voitures actuelles sont complétement supprimés. En effet, dans ces voitures, la circulation extérieure sur le pavillon n'existe plus. Les voyageurs franchissent facilement un escalier plus large et plus commode ; une rampe placée à droite et une main courante à gauche s'offrent à chaque main du voyageur pour l'aider et le retenir. Après avoir monté les quelques marches de l'escalier, le voyageur arrive sur le palier ; il trouve, en face de lui, le passage intérieur ménagé au milieu de la caisse fermée qui a été substituée aux impériales ouvertes ; à l'intérieur, deux autres mains-courantes, à portée de la main, le guident et l'aident à gagner la place qu'il doit occuper, ou à en changer pendant le trajet, s'il le désire, sans avoir à courir aucun danger. A aucun moment de ce trajet, même pendant la marche du train, quelle que soit la place qu'il occupe sur l'escalier, sur le palier, ou dans le passage couvert, le corps du voyageur ne peut faire saillie sur le périmètre extérieur de la voiture qui le garantit ; par conséquent, le voyageur est complétement à l'abri de tout accident ; à aucun moment, à aucune place, à quelque point qu'il se trouve, quelle que soit la position qu'il occupe, le voyageur n'est en danger. Enfin, des bordures en cuivre rainées, avec un tapis en caoutchouc strié recouvrant chaque marche des escaliers, donnent de la sûreté aux pieds des voyageurs, les empêchent de glisser et, par conséquent, de tomber en montant ou en descendant.

Les deux caractères généraux qui distinguent ce système de voiture sont :

Le premier, que sur douze mètres carrés et demi qui représentent la section du gabarit général des chemins de fer, l'espace réservé aux voyageurs dans les voitures dont il s'agit utilise près de huit mètres de cette section, c'est-à-dire les deux tiers environ, tandis que dans les voitures ordinaires, il n'en utilise que quatre mètres et demi, soit seulement le tiers ;

Le second, que, pouvant contenir de 60 à 80 places de toutes classes, il donne, par mètre carré de surface de plancher, près de quatre voyageurs, tandis que les voitures ordinaires de 2ᵐᵉ classe donnent à peine deux voyageurs par mètre carré de surface de plancher.

« *La comparaison de ces deux chiffres* (dit le Jury de la classe 63, dans son rapport sur le matériel des chemins de fer à l'Exposition universelle de 1867, page 154. Chaix, éditeur, 1868) *indique l'économie que doit apporter l'emploi de semblables voitures.* »

Il en découle, en outre, comme conséquence, d'une part, que le nombre des voitures nécessaires pour chaque train se trouve diminué de moitié ; d'autre part, que la longueur du train sera réduite d'une quantité correspondante. Quant aux résultats, ce sera de diminuer d'autant : 1° les dépenses d'établissement pour l'acquisition du matériel et celles d'entretien ; 2° les résistances qui s'opposent au mouvement du train ; 3° la longueur des quais, la surface des remises et des ateliers.

Ce système de voitures a spécialement pour effet de réduire, dans une forte proportion, le rapport du poids mort au poids utile, en rendant les voitures capables de transporter, sur les grandes comme sur les petites lignes, un plus grand nombre de voyageurs.

La voiture à deux étages comprend les trois classes de voyageurs, c'est donc à la moyenne des trois classes de voitures ordinaires qui entrent dans la composition d'un train qu'il faut la comparer.

Un train type de 16 voitures comprend ordinairement :

4 voitures de 1ʳᵉ classe, 5 voitures de 2ᵉ classe, 7 voi-

tures de 3ᵉ classe ; son poids, à vide, est d'environ 100 tonnes pour environ 640 places offertes, soit un poids moyen d'environ 6 tonnes par voiture et d'une contenance moyenne de 40 voyageurs, à 65 kilogr. l'un, soit 2600 kilogr. de poids utile ; rapport : 2,3 de poids mort pour 1 de poids utile.

Les voitures à deux étages, de grandes lignes, pèsent de 6500 à 7500 kilogr. ; elles peuvent contenir de 70 à 80 voyageurs, représentant 4600 à 5200 kilogr. de poids utile ; rapport 1,4 pour 1.

Les chiffres qui vont suivre ont pour but de faire ressortir les résultats économiques de cette réduction de poids mort, au moyen de la comparaison faite entre deux trains composés l'un, de voitures ordinaires, l'autre, de voitures à deux étages, en considérant ces résultats aux divers points de vue suivants : Réduction des dépenses d'acquisition ; augmentation de la puissance de transport par train ; élévation des recettes ; maximum de la puissance des transports ; trains de plaisir.

1ᵉ Réduction des dépenses d'acquisition. — Les deux trains étant supposés de même contenance, au lieu de 16 voitures ordinaires pour transporter 640 voyageurs, il suffirait de 8 voitures à deux étages. Par suite, les deux trains présenteraient, sous le rapport de la longueur, du poids et du prix d'acquisition, les différences ci-après :

	UN TRAIN DE 640 PLACES.	
	16 VOITURES ORDINAIRES	8 VOITURES A 2 ÉTAGES.
Longueur totale du train.	115 mètres.	72 mètres.
Poids à vide du train.....	95,000 kilog.	60,000 kil.
Prix d'acquisition du train.	120,000 fr.	90,000 fr.

Les différences à l'avantage du train composé de voitures à deux étages sont : 1° une diminution d'un tiers environ sur la longueur du train et sur le poids improductif traînés ; 2° les dépenses d'acquisition diminuées de 30000 fr. ou de 25 p. 0/0 par train.

2° AUGMENTATION DE LA PUISSANCE DE TRANSPORT PAR TRAIN. — ÉLÉVATION DE LA RECETTE. — Les locomotives à voyageurs, d'un poids de 25 à 30 tonnes, ont une puissance de traction de 3000 à 3500 kilogr. Elles remorquent, à une vitesse de régime de 45 à 50 kilomètres à l'heure, des trains composés de 16 voitures, d'un poids total (véhicules et voyageurs) de 130 tonnes. Ces trains contiennent 640 places dont les trois quarts au plus sont occupés par 480 voyageurs. La recette, au prix moyen de sept centimes et demi par voyageur et par kilomètre, est, pour chaque train, de 36 francs. Le poids mort traîné est de 95 tonnes.

Avec des voitures à deux étages, un train, également de 130 tonnes de poids total, remorqué par la même machine et dans les mêmes conditions de charge, de vitesse et de dépense, serait composé de 12 voitures de 70 places chacune et contiendrait 840 places, dont les trois quarts occupés, recevraient 630 voyageurs.

La recette kilométrique, produite par ce train, serait de 49^f,50, et le poids mort traîné, de 84 tonnes seulement.

La différence entre les recettes des deux trains serait de 13^f,50 en plus par kilomètre au train composé de voitures à deux étages, soit de 37 p. 0/0.

3° MAXIMUM DE LA PUISSANCE DE TRANSPORT. — TRAINS DE PLAISIR. — Un train de plaisir (l'usage de cette sorte de train devient, comme on sait, de plus en plus fréquent) étant composé de 22 voitures (maximum fixé par l'ordonnance du 15 novembre 1846) dont 8 de 2e classe à 40 places et 14 de 3e classe à 50 places, peut contenir 1020 voyageurs.

Un train semblable, formé également de 22 voitures à deux étages, à 80 places (modèle du chemin de Ceinture) pourrait transporter 1760 voyageurs, soit 740 de plus que le précédent.

Au prix moyen de deux centimes par voyageur et par kilomètre (les voitures étant supposées au complet, comme il en est généralement dans les trains de plaisir), le train composé de voitures ordinaires rapporterait 20 francs par kilomètre, et celui des voitures à deux étages 34 francs ; différence en plus à ce dernier : 14 francs. Le poids total d'un pareil train (voitures et voyageurs compris) atteindrait à peine 300 tonnes, charge très-ordinaire pour des machines à marchandises, avec lesquelles les trains de cette nature sont généralement remorqués.

Le système des voitures à deux étages repose sur une idée semblable à celle qui a présidé à la création des impériales sur les omnibus de Paris. Les anciennes Compagnies végétaient ; l'adoption des places d'impériale sur le pavillon des omnibus, en augmentant notablement le nombre des places de chaque voiture sans augmenter sensiblement le poids mort traîné, a eu pour conséquence d'accroître de telle sorte les recettes, que cette innovation a été pour la Compagnie générale qui l'a réalisée, la principale cause de sa prospérité actuelle.

La Compagnie générale des omnibus de Paris a réalisé fructueusement le moyen de transport le plus économique qui existe aujourd'hui pour les voyageurs. Les documents statistiques établissent, pour l'exercice 1866, qu'aux tarifs de 15 centimes à l'extérieur et de 30 centimes à l'intérieur, avec faculté de correspondance, la recette moyenne par voyageur a été de $25^c,75$ et $18^c,55$, et le produit moyen, par kilomètre et par voyageur, de $3^c,18$, c'est-à-dire inférieur de plus de 40 p. 0/0 à celui des chemins de fer.

En procédant de la même manière pour les chemins de fer, on arriverait certainement à un abaissement de prix équivalent.

Examinés au point de vue de leur influence sur l'abaissement des tarifs, les avantages qui résultent de l'emploi des voitures à deux étages ne seraient pas suffisants pour justifier un abaissement notable dans l'ensemble des tarifs. En effet, les recettes provenant des voyageurs n'atteignent pas à la moitié de l'ensemble du trafic ; les recettes totales pour l'exercice 1867 des six grandes Compagnies se sont élevées à 626 millions, en nombre rond, dont 260 millions pour la grande vitesse et 366 millions pour la petite vitesse (1).

Les recettes produites par les voyageurs, comparées à celles produites par les marchandises, sont dans la proportion de cinq à sept environ. — Ces chiffres montrent combien est importante la question de transport des marchandises, et, par suite, l'intérêt qui s'attache à l'étude du système de wagon que je propose pour cette catégorie de transports. Il convient donc, à propos de ce wagon, d'entrer dans des détails analogues à ceux que nous avons étudiés pour les voitures

Le wagon dont il s'agit figurait à l'Exposition univer-

---

(1)

LIGNES.	GRANDE VITESSE (voyageurs).	PETITE VITESSE (marchandises).	TOTAL.
	fr.	fr.	fr.
Ouest...............	40 637 230,25	32 389 528,63	73 026 758,88
Nord...............	35 717 361,69	49 098 459,55	84 815 821,24
Est...............	40 958 450,97	66 593 381,36	107 551 832,33
Paris-Lyon-Méditer....	79 702 344,68	128 138 037,77	207 840 382,45
Orléans............	43 623 172,93	62 220 633,23	105 843 806,16
Midi...............	19 067 527,69	27 835 507,55	46 903 035,24
	259 706 088,21	366 275 548,09	625 981 636,30

selle, sous le n° 96. Il est établi dans les conditions ordinaires d'attelage, de choc et de roulement de tous les wagons ; il peut donc être introduit dans les trains de marchandises, s'atteler indifféremment avec le matériel actuel et circuler sur toutes les lignes, aux vitesses ordinaires de ces trains, dans lesquels il a déjà fait le service sur les lignes de l'Ouest.

Il se compose :

1° D'une plate-forme de 8 mètres de longueur, pouvant être facilement étendue à 10 mètres, ayant de l'analogie avec le tablier d'un camion. Cette plate-forme est munie de ranchets, de moulinets et d'une bâche pour arrimer aisément et pour couvrir la marchandise.

2° D'un châssis brisé, formé de deux cadres en charpente, portés chacun sur une seule paire de roues et réunis par une forte articulation. L'union de ces deux cadres est, en outre, augmentée par deux tampons à ressort dont les boisseaux sont fixés sur l'un des cadres et les plongeurs sur l'autre, de la même manière que les locomotives sont unies à leur tender. — Ce mode d'accouplement permet aux deux parties du châssis de prendre une inclinaison suffisante pour passer facilement dans des courbes de 80 mètres de rayon, en permettant aux essieux de prendre une position normale à ces courbes, tout en permettant de donner à la plate-forme du wagon le développement nécessaire pour un chargement de 16 à 20 tonnes.

Le caractère principal de ce système de wagon, c'est : 1° de supporter une très-forte charge avec quatre roues seulement ; 2° d'augmenter la surface de chargement sur le plancher jusqu'à 20 et 25 mètres carrés, et la capacité jusqu'à 60 mètres cubes, tandis que dans les wagons ordinaires la surface du plancher est de 12 à 15 mètres carrés au plus, et la capacité la plus grande à peine de 30 mètres cubes. — Cette disposition a, en outre, l'avantage de ramener la charge directement au-dessus de chaque paire de roues, de telle sorte que le châssis ne peut en être fatigué, et de faciliter ainsi le mouvement des deux parties du châssis pour franchir, en se pliant, les plus petites courbes usitées, malgré sa grande longueur.

Ce système de wagon a spécialement pour effet, comme la voiture à deux étages, de réduire dans une forte proportion le rapport du poids mort au poids utile, en rendant, par un plus grand développement de leur capacité, les wagons capables de transporter une charge double et d'utiliser, en outre, plus complétement la force qu'on a été obligé de donner aux rails pour résister aux grosses locomotives actuelles. — On a vu, dans l'article précédent, que les rails peuvent supporter sans fatigue 12 tonnes par chaque essieu de véhicule, le poids d'un wagon chargé peut donc atteindre 24 tonnes monté sur deux paires de roues. Avec les wagons ordinaires, les rails portent au plus 8 tonnes par paire de roues, soit seulement 16 tonnes par wagon ayant son chargement maximum de 10 tonnes.

Le système de wagon que j'ai exposé ayant 4 mètres d'écartement d'essieux et 8 mètres de longueur de plancher, peut porter 16 tonnes de marchandises de densité moyenne ; il peut facilement contenir un volume de marchandises de 50 mètres cubes, représentant 10 à 12 tonnes de marchandises légères pesant seulement 200 kilog. le mètre cube. — Son poids, à vide, est de 6ᵗ,6 soit, avec 16 tonnes de chargement, un maximum de 22 à 23 tonnes sur quatre roues. — Le poids maximum sur chaque paire de roues est inférieur à 12 tonnes ; il se trouve donc, par rapport aux rails, dans de bonnes conditions ; il bénéficie, par conséquent, des avantages que lui assure le développement du plancher de chargement.

Avec les wagons actuels, on sait combien il est difficile de réaliser le maximum de chargement, pour peu que les marchandises présentent un certain volume sous un poids relativement faible ; la capacité du wagon ordinaire ne lui laisse recevoir qu'une partie souvent fort réduite du chargement pour lequel il est fait. Cela provient surtout de l'écartement qu'on est dans l'obligation de donner aux essieux, qui ont un parallélisme rigide, pour passer dans les courbes, écartement dont dépend directement la longueur du wagon. C'est la raison principale qui fait que dans les wagons ordinaires, pesant vides 5 à 5 tonnes 1/2 en moyenne, construits pour recevoir 6 et 10 tonnes de marchandises, le chargement moyen atteint à peine 4 tonnes, soit environ 1,4 de poids mort pour 1 de poids utile.

Avec le wagon à châssis brisé dont il s'agit, en tenant compte des plus mauvaises conditions, le chargement moyen sera toujours d'au moins 8 tonnes ; c'est le chiffre que je prendrai dans les calculs comparatifs qui vont suivre ; dans ces conditions, le rapport du poids mort au poids utile est encore réduit à 0,8 de poids mort pour 1 de poids utile.

En proposant ce système de wagon découvert, mon but est de réagir contre l'habitude que l'on a, en France, d'employer les wagons couverts dans une proportion beaucoup plus grande qu'il n'est nécessaire. Ces derniers qui ont l'inconvénient d'augmenter considérablement le poids mort, ne devraient, selon moi, être utilisés que pour les articles de messageries, les chevaux et les gros bestiaux. Mon wagon, avec ses agrès et ses moyens de chargement, est propre à recevoir la plupart des marchandises transportables avec ou sans bâche.

Les wagons à marchandises sont aujourd'hui ramenés à trois types principaux :

1° le wagon couvert ou fermé ; 2° le wagon tombereau ou à hauts bords ; 3° le wagon plat ou plate-forme ; les deux derniers types sont découverts, mais les marchandises qu'ils contiennent peuvent être bâchées.

De ces trois types, le wagon couvert est le plus cher, c'est celui dont l'emploi est le moins économique ; malgré cela, la tendance des chemins de fer est depuis longtemps d'en développer l'emploi et de diminuer celui des wagons bâchés.

Cette tendance a pour résultat d'élever excessivement le rapport du poids mort au poids utile, et d'augmenter ainsi considérablement les dépenses improductives.

C'est ainsi que sur les chemins de fer de l'Ouest, pour ne citer qu'un exemple, sur un nombre moyen de 10461 wagons en service pendant l'exercice 1867, il y a 5262 wagons couverts contre 5199 wagons découverts de toute nature (1).

Le tonnage total des marchandises transportées sur ces wagons s'est élevé, pendant le même exercice, à :

Marchandises, petite vitesse	3 608 813^t,5
Animaux transportés.	324 579^t,2
Voitures transportées.	16 116^t,»
Total	3 943 508^t,7

---

(1)

DÉSIGNATION.	Nombres moyens de wagons en service pendant l'année 1867.		DÉSIGNATION.
	Couverts.	Non Couverts.	
Wagons écuries....	122	85	Trucks à voitures..
Wagons fermés à	5140	50	Wagons à lait....
bestiaux......		2410	Wagons tombereaux
		2654	Wagons plats, à bois
	5262	5199	
	10,461		

ce qui fait, pour le transport moyen annuel de chaque wagon, 377 tonnes.

Si on fait le décompte de ce tonnage total, on trouve que les marchandises pour le transport desquelles les wagons couverts sont utiles, ne représentent que 980,540 tonnes, tandis que le tonnage des marchandises pouvant être transportées par wagons découverts bâchés ou non bâchés, s'élève à 2,962,970ᵗ (1), et encore, combien, dans

---

(1)

NATURE des Marchandises.	Transportées par wagons couverts.	Transportées par wagons non couverts.	NATURE des Marchandises.
	Tonnes.	Tonnes.	
88,324 chevaux à 500ᵏ l'un	44,412,0	10,116,0	5058 voit. à 2000ᵏ l'une.
392,414 bœufs ou vaches à 600ᵏ	235,448,4	21,365,0	Bois.
97,162 veaux à 70ᵏ	6,801,4	155,688,6	Boissons en fûts.
246,941 porcs à 100ᵏ	24,801,1	40,625,4	Cuirs et peaux.
365,800 moutons à 35ᵏ	12,806,1	21,282,9	Ecorce de tan.
1,663 animaux divers à 250ᵏ	417,2	97,823,9	Engrais.
Céréales en farines	140,164,9	27,133,4	Fourrages.
Viandes et poissons salés	12,381,7	29,,1333	Machines et pièces mécani.
Denrées alimentaires div.	37,362,4	485,253,3	Matériaux de construction.
Drogueries	7,665,0	133,462,9	Chanv., lins et cotons bruts
Couleurs et vernis	13,307,8	202,087,9	Métaux.
Tissus, fils et filés	132,996,4	237,813,6	Transports de la Compⁱᵉ.
Papiers	20,792,7	15,037,4	Corps gras bruts.
Porcelaines et verreries	5,758,7	375,322,7	Céréales en grains et graines.
Produits chimiques et sels	51,941,2	35,679,9	Déchets et chiffons.
Tabacs	14,908,5	41,835,4	Lait.
Corps gras manufacturés	62,158,5	81,000,0	Pommes de terre et cidre
March. non dénommées	72,505,3	51,721,8	Denrées au tarif spécial.
Denrées coloniales	84,468,3	12,124,6	Bois de teinture.
		25,016,9	Poteries communes.
		538,100,7	Charbons et coke.
		72,053,4	March. non dénommées.
	980,539,2	2,962,969,5	
	3,943,508,7		

les marchandises qui composent le premier chiffre, pourraient être transportées en wagons découverts !

On voit, par ce décompte, qu'au lieu de 5262 wagons couverts, il aurait pu suffire de 2600 de ces wagons au transport moyen annuel de 377 tonnes, pour transporter les marchandises de la première catégorie.

On a calculé que l'emploi de mille wagons couverts, substitué à celui d'un même nombre de wagons bâchés, équivaut annuellement à un transport improductif en plus d'environ 34 millions de tonnes kilométriques, et à une dépense de 204,000 fr. de traction supplémentaire (1).

En employant à ses transports 2662 wagons couverts de plus qu'il n'est nécessaire, l'exploitation de l'Ouest charge annuellement le service de la traction d'un transport improductif de 90 millions de tonnes kilométriques ; elle grève, les dépenses d'environ 540,000 fr. et, encore, je ne tiens pas compte dans ce calcul des

---

(1)   OUEST, EXERCICE 1867 (grandes lignes).

Charge d'un train { en voyageurs 43,1 à 65^k 2^t,80 } ....   54^t,50
   moyen.   { en marchandises...... 51,76 }

Nombre de véhicules entrant dans un train moyen. { voyageurs........ 3,97 } ......   18 ,12
     { marchandises..... 14,15 }

Poids des véhicules. { à voyageurs.......................   5 ,6
   { à marchandises......................   5 .

Poids brut d'un train moyen. { en voyageurs, $2,8 + 3,97 \times 5,6 = 25,0$ }   147,5
   { en marchandises. $51,76 + 14,15 \times 5,0 = 122,5$ }

Dépenses de traction par kilomètre de train..............   0f.8911

Dépense de traction par tonne brute transportée à un kilomètre............. $\left(\dfrac{0,8911}{147,5}\right)$ 0, 006

Tare moyenne des wagons couverts actuels..............   6^t .

Tare moyenne des wagons tombereaux et plats..........   4^t .

Parcours moyen d'un wagon à marchandises dans l'année..... 17,000 kilom.

Si on remplace pour le transport des marchandises 1,000 wagons plats et tombereaux bâchés par un même nombre de wagons couverts du modèle actuel, chaque wagon couvert pesant vide 2 tonnes de plus qu'un wagon bâché, ce remplacement équivaut :

1° A un transport kilométrique de poids mort en plus de 34,000,000 tonnes.

2° A une dépense de traction en plus de 204,000 francs.

dépenses d'entretien, qui sont considérablement plus grandes pour les wagons plats et tombereaux, ni de la différences très-grande du prix d'acquisition.

Il en est à peu près de même dans toutes les Compagnies.

On voit, par ce qui précède, qu'il y a un très-grand avantage à restreindre le plus possible l'emploi des wagons couverts, contrairement à la tendance générale des Compagnies, et à développer celui des wagons plats ou à bords, pour le transport du plus grand nombre possible des marchandises qu'elles ont à transporter.

Ainsi que je l'ai fait pour les voitures, je vais faire ressortir par la comparaison de deux trains composés : l'un de wagons ordinaires, l'autre de wagons à châssis brisé, les résultats économiques qui pourraient être réalisés par l'emploi des wagons à châssis brisé.

1° RÉDUCTION DES DÉPENSES D'ÉTABLISSEMENT. — Les deux trains étant supposés contenir chacun 180 tonnes de chargement. Au lieu de 45 wagons chargés à 4 tonnes, généralement employés pour ce transport, il suffirait de 22 wagons à châssis brisé, chargés à 8 tonnes seulement, pour effectuer le même transport de 180 tonnes de marchandises.

Le poids total du premier serait de 400 tonnes, celui du second de 320 tonnes, c'est-à-dire 80,000 kilogrammes de poids improductif en moins. — Le prix d'acquisition du premier train est d'environ 115,000 fr., celui du second serait seulement de 70,000 fr. ; la différence, au profit du train de wagons à châssis brisé, serait de 80 tonnes de poids mort traîné en moins, ou 36 p. 0/0, et le prix des wagons composant le train de 45,000 fr. de moins, ou 40 p. 0/0. — La longueur des trains composés de 45 wagons ordinaires est de 320 mètres, celle du train composé de 22 wagons à châssis brisé serait de 200 mètres, soit 120 mètres de longueur en moins, c'est-à-dire un tiers.

2° AUGMENTATION DE LA PUISSANCE DE TRANSPORT. —

ÉLÉVATION DES RECETTES. — Nos locomotives ordinaires pour marchandises pèsent, vides, de 30 à 32 tonnes ; elles ont une puissance de traction de 6000 kilog. environ ; elles remorquent couramment des trains d'un poids total de 400 tonnes à une vitesse de régime de 20 à 25 kilomètres à l'heure, composés, comme il vient d'être dit, de 45 wagons pour transporter 180 tonnes de marchandises ; la recette, au prix moyen de 7 centimes par tonne et par kilomètre, est de 12^f,60, le poids mort traîné, de 220 tonnes.

Avec des wagons à châssis brisé, un train, également de 400 tonnes de poids total, remorqué par la même machine et dans des conditions identiques de charge, de vitesse et de dépense, comprendrait 27 wagons et 225 tonnes de marchandises ; la recette kilométrique produite serait de 15^f,75, le poids mort de 175 tonnes.

La différence entre les deux trains serait, en faveur des wagons nouveaux, de 3^f,15 de recettes en plus par kilomètre, et de 45 tonnes de poids improductif traîné en moins.

Avec les grosses machines à grande puissance qu'on fait aujourd'hui, lesquelles peuvent traîner jusqu'à 800 tonnes, les avantages seraient encore plus grands.

Ainsi, on a vu par ce qui précède, qu'en utilisant convenablement la force des machines, les recettes kilométriques des trains de voyageurs pouvaient s'élever de 36 fr. avec les voitures ordinaires, à 49^f,50 avec les voitures à deux étages, celles des trains de marchandises de 12^f,60 avec les wagons actuels, à 15^f,75 avec les wagons à châssis brisé. — Les différences, à l'avantage des nouveaux systèmes de véhicules, sont de 13^f,50 ou de 37 0/0 pour les trains de voyageurs, et de 3^f,15 pour ceux de marchandises ou de 25 p. 0/0.

On remarquera la différence notable qui existe entre la recette kilométrique des trains de voyageurs et celle des trains de marchandises, à l'avantage des premiers. Tandis que les trains de voyageurs produisent 36 fr. avec les voitures ordinaires et 49 fr. 50 avec les voitures à deux étages, les trains de marchandises ne peuvent produire que 12 fr. 60 avec les wagons ordinaires et 15 fr. 75 avec les wagons du nouveau système, alors que les dépenses sont à très-peu de chose près les mêmes pour les trains de voyageurs et ceux de marchandises.

Une différence aussi considérable montre bien que les bénéfices réalisés par les Compagnies proviennent, pour la plus grande part, sinon pour la totalité, des recettes produites par les voyageurs, d'où il suit qu'il est à peu près illusoire de compter sur un abaissement sérieux des tarifs de marchandises, puisqu'actuellement les recettes des marchandises couvrent tout au plus les dépenses.

Il faut conclure de là que les tarifs de voyageurs sont hors de proportion avec ceux des marchandises, et qu'ils sont injustes parce qu'ils blessent le principe de l'égalité dont le prix de revient des deux natures de transports devrait donner la mesure.

On peut se faire une idée de l'importance des économies qui pourraient être réalisées par l'emploi de ces nouveaux systèmes de véhicules, lorsqu'on sait que les dépenses d'exploitation des six grandes Compagnies pour l'exercice 1867, a été :

Pour l'ensemble des dépenses d'exploitation , de 245,964,203^f,06, et par kilomètre de train, de 2^f,614 (1).

Il est juste d'ajouter que dans la pratique actuelle des Compagnies, la puissance des machines est loin d'être toute utilisée. — Il faut, en outre, reconnaître que si le trafic restait le même, l'économie porterait seulement sur les dépenses du service du matériel et de la traction et de

---

(1) Voir pour la justification de ces deux chiffres le tableau placé en renvoi au bas de la page suivante.

l'exploitation proprement dite, qui se sont élevées pendant le même exercice à 184,512,751ᶠ,43 dont pour le service du matériel et de la traction 93,641,631ᶠ,74, et pour le service de l'exploitation proprement dite à 90,871,119ᶠ,69 (2). Mais si les Compagnies, comprenant mieux leurs intérêts, consentaient à un abaissement sérieux de leurs tarifs, il est incontestable qu'il en résulterait un développement considérable du trafic et une augmentation des recettes, ainsi que cela s'est toujours produit dans toutes les entreprises qui ont fait l'applica-

(1) Renvoi de la page précédente.

COMPAGNIES.	Total des dépenses d'exploitation.	Parcours des trains.	Dépenses par kilomètre de train.
Paris-Lyon-Médit..	77,055,844ᶠ,31	27,997,034ᵏᵐ.	2ᶠ,752
Est.	54,178,877 ,38	11,288,422	2 ,308
Nord.	41,452,275 ,10	17,150,300	2 ,417
Ouest.	26,065,536 ,77	15,273,841	2 ,507
Orléans.	37,938,356 ,72	17,692,772	2 ,149
Midi..	12,273,312 ,78	4,673,870	2 ,626
Totaux et moyennes.	245,964,203, 06	94,076,239	2, 614

Tous les chiffres qui sont reproduits dans ce travail ont été puisés exclusivement dans les rapports officiels des Compagnies où on peut les vérifier.

(2)

COMPAGNIES.	ADMINISTRATION	EXPLOITATION.	MATÉRIEL ET TRACTION.	ENTRETIEN DE LA VOIE.
Paris-Lyon-Médit.	5,451,278 ,26	31,748,700 ,72	29,743,477 ,56	40,112,387 ,77
Est.	4,580,692 ,59	18,323,053 ,54	29,234,502 ,82	8,028,738 ,61
Nord.	1,406,324 ,60	13,977,494 ,50	16,807,274 , »	9,264,062 , »
Ouest.	1,604,394 ,87	10,364,825 ,44	9,563,049 ,35	4,473,267 ,14
Orléans.	3,834,337 ,67	12,008,574 ,28	12,904,992 ,50	9,193,052 ,48
Midi.	1,458,941 ,66	4,445,571 ,24	4,388,915 ,42	2,279,884 ,40
Totaux.	18,102,950 ,45	90,871,119 ,69	93,841,631 ,74	43,348,492 ,48

tion de ce principe économique ; alors il y aurait à la fois économie dans les dépenses d'exploitation et augmentation dans les recettes.

Il en résulterait, enfin, je le répète, un abaissement dans le prix de tout ce qui se produit et se consomme, sans diminution du taux de la main-d'œuvre du travailleur ni du bénéfice du fabricant. En un mot, des produits nouveaux entreraient dans la circulation dont les hauts tarifs les tiennent éloignés, de nouvelles industries prendraient naissance, et la richesse publique prendrait un nouveau développement.

Indépendamment des avantages qui viennent d'être indiqués, il en est d'un autre ordre, très-important encore, que l'on me permettra de signaler, au moins pour mémoire. Ces avantages sont :

1° De ramener à l'unité, qui est si désirable, les voitures à voyageurs, qui comportent aujourd'hui une trop grande variété de types pour le transport unique de l'homme, lequel, considéré au point de vue des transports, ne forme qu'un seul colis de même volume, de même forme et de même poids ;

2° De rendre possible, sans augmentation de prix une augmentation sensible de confortable pour chaque classe de voyageurs, en offrant aux voyageurs de 3ᵉ classe des places analogues à celles de la 2ᵉ classe actuelle, à ceux de 2ᵉ classe des compartiments analogues à ceux de 1ʳᵉ classe, et enfin, aux voyageurs de 1ʳᵉ classe des coupés et des fauteuils-lits ;

3° Un nouveau mode d'éclairage qui dispense les allumeurs et les lampistes de courir sur les pavillons des voitures, ce qui n'est point sans présenter des dangers.

FIN.

ANNEXE

Relevé des accidents survenus aux voyageurs d'impériales des voitures de banlieue sur la ligne de Vincennes et sur les lignes de banlieue des chemins de fer de l'Ouest.

Longueur des lignes au 31 *décembre* 1866.... 86 kil.
Nombre total des voitures à impériale....... 670

ANNÉE 1866.

6 *Novembre*. — Un voyageur d'impériale, nommé T...., à son arrivée en gare Saint-Lazare, ayant voulu descendre avant l'arrêt complet du train, perd l'équilibre, tombe et se contusionne à l'œil gauche.

22 *Octobre*. — Un voyageur d'impériale, nommé P..., ayant voulu changer de place pendant la marche du train, est tombé sur la voie à Sèvres ; il s'est blessé grièvement.

22 *Octobre*. — Le même jour, un autre voyageur d'impériale, nommé B....., ayant voulu changer de place pendant la marche du train, tombe sur la voie (à 600 mètres de Versailles, rive gauche) et se fracture le crâne.

7 *Octobre*. — Le sieur B...., épurateur, qui avait copieusement dîné, tombe de l'impériale sur le quai de la gare de Saint-Mandé, au moment où il venait de monter ; légère indisposition.

6 *Octobre*. — Le militaire S....., en état d'ivresse, se tenant debout, est atteint à la tête par la voûte du pont de Vincennes ; blessures légères.

2 *Octobre*. — Le sieur L....., en voulant descendre à Courcelles avant l'arrêt complet du train, perd l'équilibre, tombe entre le quai et le marchepied et se contusionne fortement à la cuisse, au genou gauche et à l'œil droit.

25 *Septembre*. — Le sieur Ch...., en descendant en gare Saint-Lazare, de l'impériale d'une voiture d'un train de banlieue, a perdu l'équilibre et est tombé sur la voie où il s'est contusionné à la hanche gauche.

21 *Septembre*. — Un chasseur à pied de la garde, se tenant debout sur l'impériale d'une voiture d'un train, a été atteint à la tête par le pont de Mécardes (k^m 7, près Meudon), et lancé sur la voie ; mort instantanée.

5 *Septembre*. — Le sieur B....., en état d'ivresse, est trouvé sur la voie entre Nogent et Fontenay. Il est présumable qu'il est tombé d'une impériale.

2 *Septembre*. — Le sieur G...., gazier, se tenant debout sur la galerie, se heurte contre l'angle de la voûte du pont de Picpus ; mort le lendemain.

15 *Août*. — Un zouave, ayant voulu descendre de l'impériale avant l'arrêt complet du train à Viroflay, tombe sur la voie et se fait quelques contusions heureusement sans gravité.

5 *Août*. — Un voyageur, le sieur R...., en descendant de l'impériale d'une voiture avant l'arrêt complet du train à Batignolles, est tombé entre le quai et le marchepied où il il a été mutilé.

22 *Juillet*. — Le sieur F...., tourneur, tombe sur le quai de la Bastille en croyant trouver un point d'appui dans la hampe d'un drapeau de garde-frein planté sur l'impériale par un voyageur ; blessures légères.

13 *Juillet*. — Le sieur M...., placé sur l'impériale d'une voiture d'un train quittant Bois-de-Colombes, est tombé sur la voie et a été contusionné au côté gauche.

12 *Juillet*. — Le sieur B....., placé sur l'impériale d'une voiture d'un train quittant la gare Saint-Lazare, est tombé sur le quai et a été blessé à la hanche et au poignet droit.

11 *Juillet*. — Un sieur L....., prenant place sur une impériale sans se tenir à la main-courante, a été entraîné par le poids d'un paquet qu'il portait sur le bras gauche et est tombé sur le quai (gare Saint-Lazare).

6 *Juin*. — Un individu qui n'a pas voulu se faire connaître, tombe sur le quai de la gare de Joinville.

1er *Juin*. — Un militaire, nommé D...., en voulant ressaisir son bonnet de police que le vent emportait, est tombé de l'impériale sur la voie (k^m 11, entre Chaville et Sèvres), et s'est fait de profondes blessures à la tête.

15 *Mai*. — Un menuisier, en état d'ivresse, tombe sur le quai à Vincennes en voulant descendre de l'impériale ; légères blessures.

14 *Mai*. — Le sieur D...., propriétaire, voulant passer d'un compartiment dans un autre pour allumer un cigare, est atteint par le pont de Picpus ; mort le lendemain.

15 *Avril.* — Le sieur T..... tombe en marchant et sans tenir la main-courante, au moment du départ de la gare de la Bastille ; blessures légères.

17 *Février.* — Le sieur B...., pendant l'arrêt du train à Clamart, en montant sur une impériale d'un train en stationnement, tombe sur le quai et se contusionne l'épaule gauche.

31 *Janvier.* — Le sieur T...., étant descendu sans précaution de l'impériale de la voiture d'un train arrêté à Nanterre, tombe sur le quai ; côte luxée.

ANNÉE 1865.

23 *Novembre.* — Un sieur R..... s'étant tenu debout sur l'impériale d'une voiture pendant la marche du train, a été atteint par la voûte du pont de Chatou et précipité sur la voie.

23 *Octobre.* — Le sieur M...., étant monté à Suresnes sur l'impériale d'une voiture d'un train sans aucune précaution, tombe dans l'entrevoie et se blesse grièvement à la tête.

1er *Octobre.* — Le sieur R...., en état d'ivresse, tombe de l'impériale sur le quai de la gare de Vincennes en cherchant une place ; blessure légère.

24 *Septembre.* — Le sieur Y...., limonadier, en état d'ivresse et debout, en voulant se retourner pour faire un geste de moquerie au garde-frein qui l'invitait à s'asseoir, tombe à la gare de la Bastille et meurt au bout de trois jours.

23 *Septembre.* — Un voyageur endormi sur son impériale, veut descendre précipitamment à la gare de destination, Le Pecq, tombe sur le quai et est blessé à la tête.

31 *Août.* — Un voyageur d'impériale, resté inconnu, ayant voulu changer de place pendant la marche, est tombé sur le pont d'Asnières, où il a été mutilé par un autre train.

27 *Août.* — Le sieur P...., ayant perdu l'équilibre en montant sur une impériale pendant le stationnement à Bellevue, est tombé sur la voie et a eu les reins contusionnés.

19 *Juillet.* — Le sieur D...., ayant éprouvé un étourdissement au moment où il descendait de son impériale, à Asnières, est tombé sur le quai et a eu le bras gauche fracturé.

16 *Juillet.* — Le sieur S....., étant descendu de l'impériale du train avant l'arrêt complet, à Asnières, est tombé entre le quai et la voiture et a eu le pied gauche écrasé.

16 *Juillet.* — Le sieur L..... garçon de magasin, descend du

train avant l'arrêt complet, à la gare de la Bastille, tombe sous les roues et a les deux jambes broyées.

9 *Juillet*. — Le sieur L...., peintre, ayant bien dîné, tombe par par suite d'un faux pas ; mort des suites d'une congestion cérébrale, gare de Vincennes.

2 *Juillet*. — Le sieur A...., garde-frein, se tenant debout, est atteint par la voûte du tunnel de Reuilly ; mort au bout de deux jours.

6 *Juin*. — A son arrivée à la gare de Montparnasse, le sieur L...., étant descendu avec précipitation de son impériale, a perdu l'équilibre et est tombé sur le quai ; blessures graves à la jambe droite.

28 *Mai*. — Un jeune homme, nommé S...., ayant voulu monter sur une impériale avant l'arrêt complet du train à Saint-Cloud, est tombé entre les marchepieds et le quai et a eu les deux jambes blessées.

26 *Mars*. — Un voyageur d'impériale, nommé B. .., s'étant penché en dehors de la couverture, a été atteint à la tête par l'arête de la voûte du tunnel de Saint-Germain.

5 *Février*. — Le sieur B..... se disposait à prendre place sur une impériale d'un train allant quitter la gare Saint-Lazare pour Versailles , il perd l'équilibre, tombe dans l'entrevoie et se blesse à la tête.

5 *Janvier*. — Un voyageur nommé R...., s'étant tenu debout en dehors de la couverture de l'impériale où il se trouvait, a été atteint à la tête par le pont des Mécarmes et précipité sur la voie, où il est mort.

TABLE DES MATIÈRES

SAINT-NICOLAS (MEURTHE). — P. TRENEL, IMPRIMEUR DE LA SOCIÉTÉ.

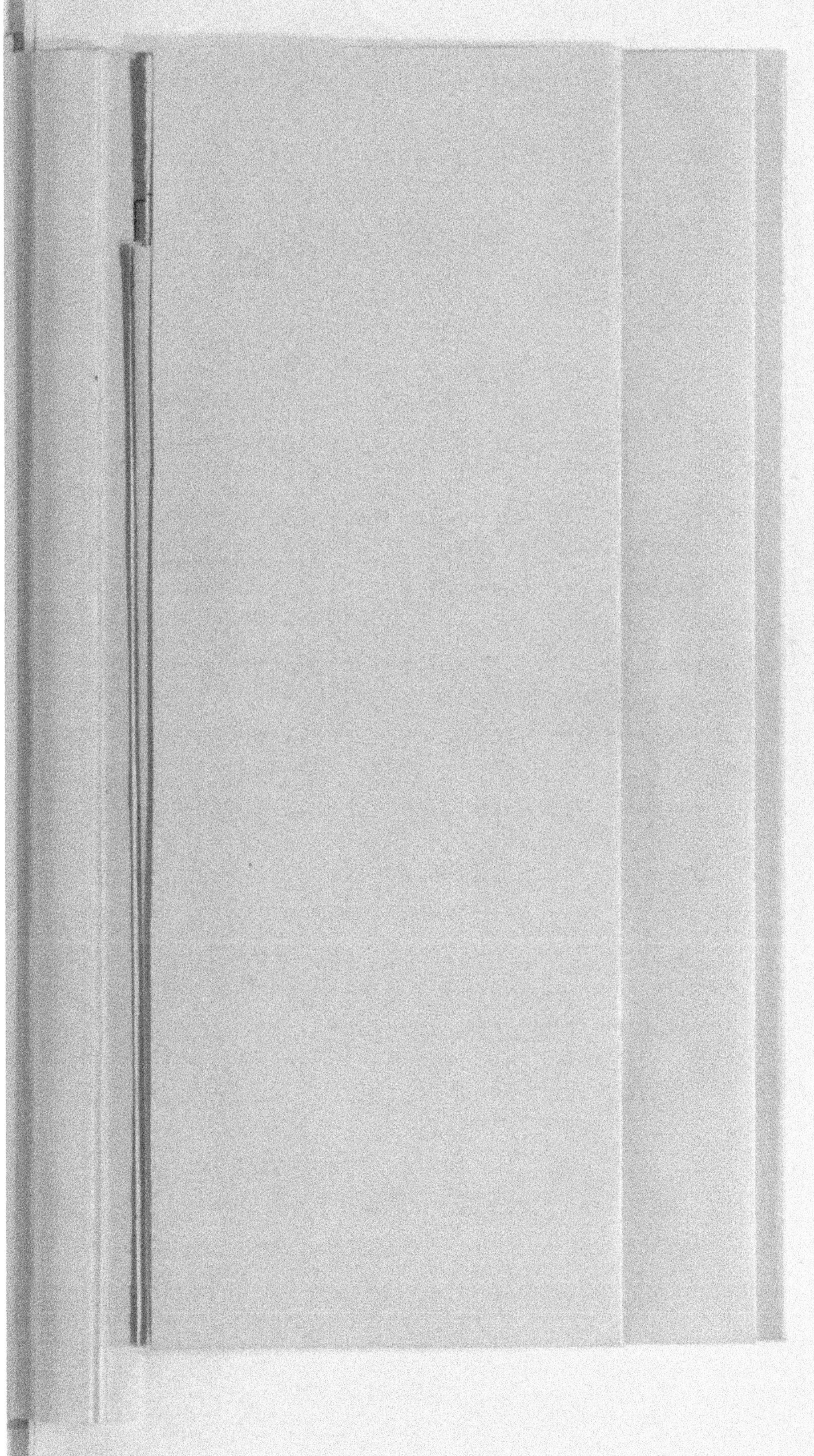

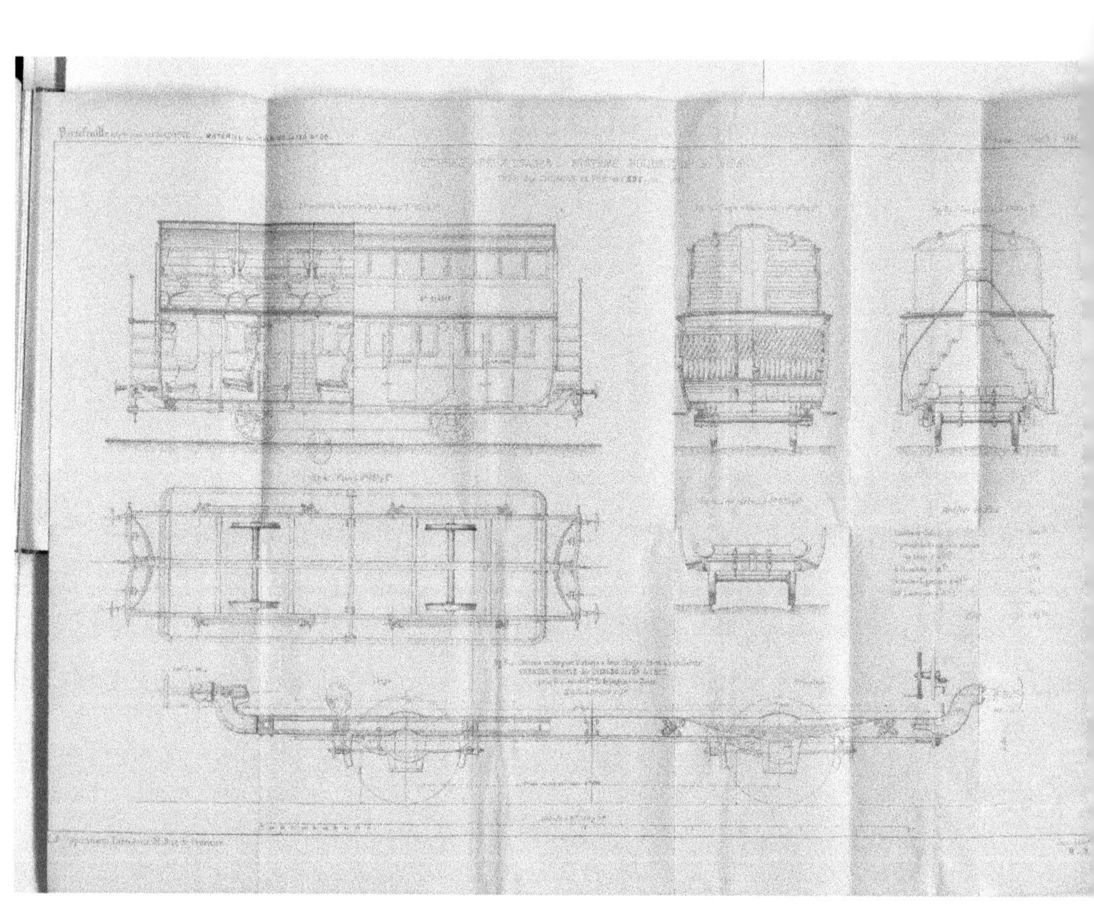

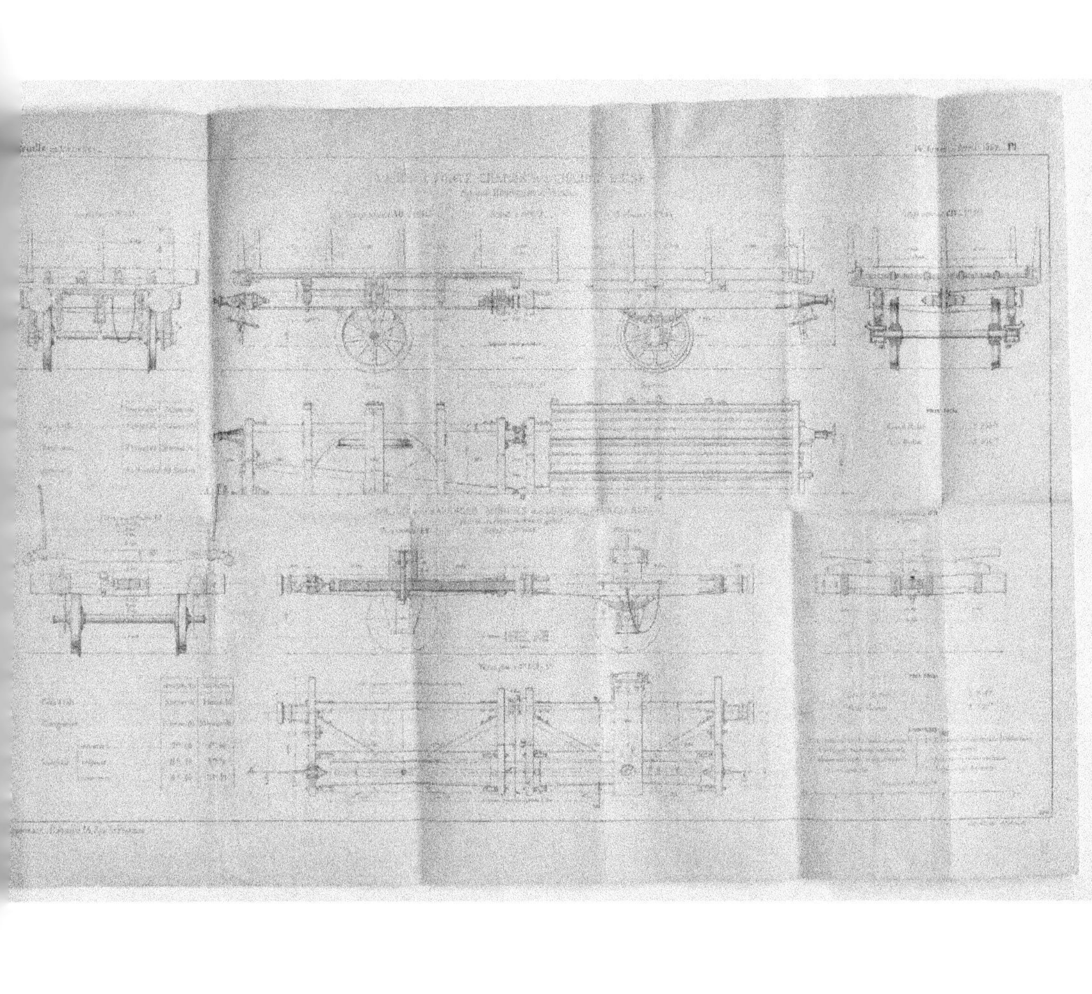

DU MÊME AUTEUR

Publiés par la Société des anciens Élèves des Écoles impériales d'arts et métiers :

Application du frottement de roulement aux
   boîtes et fusées d'essieux (1re partie). . . . 1857 Annuaire
Hallage à la vapeur sur les canaux. . . . . . 1861 Bulletin n° 7
Machine à air chaud. . . . .   d°   d°   n° 8
Application du frottement de roulement aux
   boîtes et fusées d'essieux (2e partie) . . . . 1862 Annuaire
Nouveau système de voitures à deux étages. 1865   d°
Des économies à réaliser au point de vue du
   matériel et de la traction. 1866   d°
Châssis surbaissé avec frein à huit sabots pour
   voitures à deux étages. Wagon plat à châssis
   brisé ; et wagon à traverses mobiles et à
   longueur variable 1867   d°
Des moyens de communication à établir dans
   les trains de voyageurs. . . . . 1868 Bulletin n° 59
Des dangers que présentent les impériales des
   voitures 1868   d°   60
De l'abaissement des tarifs. 1869   d°   62
Des moyens de réaliser l'abaissement des tarifs,
   de supprimer les dangers des impériales et
   de diminuer les risques d'agressions dans
   les voitures. 1869   d°   63

Publié par Eugène LACROIX, Éditeur :

L'État et les compagnies de chemins de fer,
   lettre au ministre des travaux publics. . . 1868 à Paris

Saint-Nicolas (Meurthe). — P. TRENEL, imprimeur de la Société.